大展好書 好書大展

大展好書 好書大展

·校園系列·
15

數學式思考學習法

小林道正／著
劉淑錦／譯

大展出版社有限公司

序言

人本來就是好奇的動物。無論是對周遭的自然現象；存在於身邊的動植物變化；或者人類的生活、心理；過去及未來等，皆無不抱著「為什麼」的疑問。

「會思考」是人類有別於其他動物的特徵之一，從出生起就自然而然喜歡學習。透過興趣學習、思考各種事物使得人的頭腦日趨發達。

接觸有形的事物，用身體去經驗、去體會，然後從中找出其共通的法則，這種學習活動在學習數學的時候更明顯，所以我想稱之為「數學式思考」。

這種「數學式思考」的學習方法也適用於英語等其他範疇的學習，有時候自認為了解或理所當然的事，在仔細思考後會發現還有另一面；本來認為不可能的事，用柔軟的腦子去想、換一個角度去看，也許就會輕鬆找到解決之道。

訓練這種「數學式思考」的題目隨處可見，希望大家一起來思考，一定能夠讓自已的看法更豐富、更多元化。

有些人認為，即使不懂，只要背起來就能考高分，這是最糟糕的想法，因為這會使寶貴的思考能力退化。要培養真正的實力，必須具備「水零零的感受能力」、「想學習的慾望」、「質疑的好奇心」及「追根究底的探求心」。

本書不是教你「數學也可以用背的」這種讓人變笨的學習法，而是在說明如何輕鬆愉快的引發潛力、培養實力的學習方法，這就是「數學式思考」學習法。

數學方面承蒙一起研究的諸位老師（小、中、高、大各學校的老師們）協助；我個人在英國劍橋教育研究所兩年的經驗及美國加利福尼亞大學理科數學教育研究所一年的經驗也頗有助益。書中多處引用美國和英國的例子也是這個原因，但絕非肯定這兩國的例子而否定了日本的部份。

至於英語方面，則是以我個人的經驗和英文老師討論的結果。資料的提供方面，我兒子小林研幫了不少忙，他在美國唸兩年半的高中，並於哈佛大學研讀了四年。

最後，我希望這本書能對考生、大學生及社會各界人士有所幫助。

小林道正

目　錄

第三章　如何培養能力

第四章　「數學式思考」使腦筋變好的學習法

第五章　訓練好腦筋的數學學習法

第八章　數學如何在社會中發揮它的功效

第九章　爲什麼不會說英文

第十章　訓練頭腦的英語學習法

第十一章　以發揮「數學式思考」之方式來訓練腦力的竅門

第一章

何謂真正的聰明

1 是否具備洞徹事物本質的能力

聰明的首要條件

在學校說「那個人很聰明」和在社會上這麼說有些不一樣。通常用於學校時，是單指考試成績很高，但是成績好和真正的腦筋好有相當的差距。

腦筋好的第一要件是，是否能洞徹事物的本質。我們很容易只記住眼見的現象，不論是經濟、政治或自然界的現象都一樣。

只知道物價上漲百分之二這個經濟現象，不能稱之為聰明。從物價指數如何計算、有何問題點開始，到百分之二這個數字的意義，和過去的比較、預測其影響力、了解上漲原因等等，這種徹底了解物價上漲本質的能力，就是腦筋好的表現。

「在新的選舉制度下，自由民主黨成為第一大黨」，腦子裡光有這個知識是不夠的。

為了使自己聰明，應該去弄清楚，第一大黨得票率是多少？小選舉區和比例區的得票率是否不同；依政黨別得票率分配席次的話，自由民主黨獲得幾席；自由民主黨的政策真的獲得國民的支持嗎？如此便可培養洞察事物的能力。

光有知識不能說是腦筋好

電視常播映益智問答的節目，在極短的時間內搶答一些零碎的知識性問題，在這樣的節目中成績最高的人，並非就是最聰明的人。

學校的歷史測驗題常問一些小事件發生的年代及相關人的姓名，熟記這些細節的學生通常考得不錯，但成績好和腦筋好卻是兩回事。如果不了解事件的起因、背景及事後的影響，必定無法獲得整體的知識，只要以該事件為中心做討論，馬上就可以了解整個來龍去脈。

不論你記了多少百科全書中的知識，都和「腦筋好」無關；當然，最低限度的知識不可或缺，但最重要的是，是否真正用自己的腦筋去了解。能用自己的語言向別人說明得越清楚，表示自己越了解。

如何捕捉現象的本質

某一個現象的發生，大多是許多複雜的因素重疊而顯現出來的。在學校、地區甚至公司中普遍存在「欺侮」得現象，因被欺負而自殺的年輕人也越來越多，這背後實際隱藏著多面的因素，而其原因和解決之道也引起多方面的爭論。

這和現在日本社會諸問題有何關係？和學校教育又有何關係？師生關係現在有何改變？

學校和父母的關係哪裡出了問題？被欺負的學生，家庭狀況如何？欺負人的學生，家庭狀況又如何？學生之間的互動情形怎麼樣？有無奇怪之處？這些都是潛藏在背後的問題。

如果不深切去理解這些問題就急著發表意見，是無法對此問題提出具有說服力的見解的。只從單方面來討論問題不是聰明人做的事。

訓練您「數學式思考」的問題①

　　使用大小形狀相同的長方形或平行四邊形時，可使整個平面都敷蓋住。

　　那如果採用不同形的四角形時，是否也可將整個半面都敷蓋住呢？

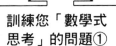

解答・解說

使用相同大小形狀的正方形及長方形者，可以很清楚且快速地將整個平面都敷蓋住。平形四邊形或台形似乎也辦得到。

可是如圖所示，任意不同形的四邊形是否也能將整個平面都敷蓋呢？如果光用腦筋考量的話，是很難想通的。還是要實際上去操作排練看看，先作許多相同的四邊形，然後將那些四邊形用拼圖的方式排排看即可。

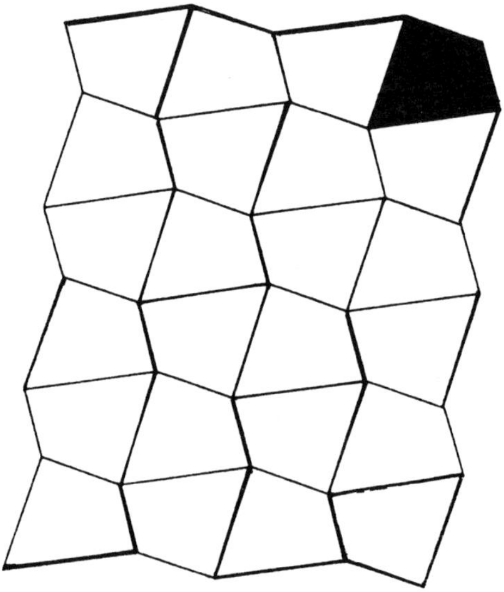

●解決小孩欺侮問題的方法

(1)小孩的社會是大人社會的反映，是從大人的社會中抽離「戰爭、侵略」、「殺人」、「差別待遇」、「侵占」、「賄賂」、「非正義」等諸惡事的社會。

(2)保障每個人權利的平等，建立尊重個人的社會。個人的努力，不論在精神上或經濟上，皆能得到相對的報償。

(3)建立互助合作的社會，而非以競爭為目的而成的社會。

(4)父母要仔細聆聽小孩子的希望，如果是好的，應該讚美並協助。每天要留充分的時間讓小孩敘述學校的事、朋友的事、快樂、悲傷的事和煩惱等等。在談話過程中必須有耐性，不動怒。嚴禁體罰。父母不將自己不滿或焦躁的情緒發洩在孩子身上。

(5)父母透過適當的時機，教導小孩要尊重生命，包括所有植物、動物的生命。

(6)學校老師視所有的小孩為「未成熟的人」，溫和的照顧他們。無論是身體好或虛弱的小孩，功能跟得上和跟不上的、老實的和調皮搗蛋的，也無論是什麼樣家庭的小孩，老師皆一視同仁對待他們。

（7）營造父母、小孩及老師經常可以暢所欲言的環境。

（8）各學校安排專門的輔導人員，隨時把握孩子的精神狀態，成為孩子們的商量對象。

或許有些人認為這太抽象，不會有太大的助益；然而，沒有這樣的觀點就不能消除「欺侮」的現象。此外，大人的社會、公司所發生的欺凌現象，也必須用不同的觀點來看。

這裡所舉的只是「欺侮」的例子，其他所有事物的現象背後都有許多問題，致力於洞徹其本質，也是訓練自己腦筋的好方法。

解決問題的兩個決定性方法

在最近發生的一些事情中，有一項是學生打的威脅電話。他表示，如果不取消期末考就自殺。這時候，「豈有此理，一定要舉行考試」也許是教育方針之一，但卻不是教育者應有的態度。首先，應該分析為什麼會有這種電話。

學生對期末考的理解有多少？考試是否只是為了給學生排名次？考試的成績與

升學的關連性？教學內容及方法是否能引起學生的興趣？這些問題都該分析清楚。

同時，人用這種手段結束生命的意義、如何使之理解生命的可貴、只要目的是好的，什麼手段都可以用嗎？在什麼情形下可以動武等問題，也該深入探討。

想要腦筋變好，必須從各個層面來「分析」一個問題；從各個角度用各種看法來分析，很容易看到事務的本質。

但是，分析完後沒有下一個動作是不夠的，還必須「綜合」分析的結果，針對問題歸納出明確的方針。

除了教師之間必須認真討論外，和全體學生的個別談話、師生之間對談、同學彼此認真的交談，設定適合和父母懇直討論的場所，然後取得眾人的同意，明確地決定期末考要實施或者取消。當然，在做這些措施之前，必須先抓住要討論出來的結果是什麼。

透過這種方法解決問題，可以讓師生及家長都了解何謂真正的教育。世上永遠有許多事情接連不斷的發生，像這種針對問題徹底分析並尋求解決之道的方法，是今後的一大課題。

去除表面的東西，可看到本質

「人不可貌相」在許多情況下是相當貼切的。有時候我們判斷一個人是這樣，結果因為只從外表看，常常和實際的情形相差千里。

不光是外表，有些人言行舉止看似樸實敦厚，其實卻有著粗暴的個性。

從一些例證中得知，有些人結婚前不會表現出來的個性，在結婚之後完全變了樣。當然，人的性格有時候有連本人都不知道的部份，這麼想也就不會那麼不合情理了。

選舉國會議員時，總為該投票給誰傷透腦筋。好不容易覺得有可以信任的人了，卻發現所投非人，後悔莫及。

某議員斷然反對提高消費稅，突然間又改變主意；原本認為某人屬A政黨而投票給他，沒想到當選後竟投奔B政黨，被自己所選的人背叛的事舉不勝舉。

一味求當選的候選人很擅於利用選民愛聽的政見來欺騙選民。因此，大家不要光看他們的外表或動人的演說，而應盡可能弄清楚候選人至今為止的活動內容，所屬政黨產生的背景和理念，從事的活動內容等。對於和自己理念相近的候選人或政黨務必了解透徹。

希望大家不要被美麗的海報及動人的宣傳所蒙蔽，應該注意背後隱藏的東西。

分析確實的原因

在面對各種問題時，首先要做的是追溯過去的原因，並做一番調查；所有的事物都有原因，透過對過去經過的分析最容易明白。

舉曾經發生過的，秘魯的日本大使館人質事件為例。

它呈現出來的表象是，為了自己的需求挾持眾多人質，不達目的絕不放人。如果為了實現其需求，以人和武器做威脅的行為被認可的話，那麼社會就無法成立了。

要分析此一事件必須一一檢討他們的要求。客觀的要求根據、妥當性、緊急性，必須挾持人質的原因等等；最重要的是調查經過。截至目前為止，秘魯的民主主義成熟度為何？政治活動的自由是否獲得保障？因政治活動入獄的人過著什麼樣的生活？判決是否公平？如果不一一察明，便無法了解事情的真相。

欲理解現狀一定要知道過去，只知表象而不深入了解事物的過去，是找不到正確的解決之道的。

洞徹存在於過程中的本質

現在的一切都是和過去相關連的。在產生的過程中可找到了解現在的關鍵。聽起來似乎理所當然，但是做的人並不多，所以必須有意識地去做分析。

當然，光調查過去也不夠充分，可從各種角度慎重的分析，努力找出現狀之所以產生的本質。

舉例而言，垃圾焚化爐跑出戴奧辛的問題。如果說花錢購置最新的設備就能角決此問題的話，那就只有錢的問題了。

小鄉鎮預算不足可請求縣或國家的補助，有時候為了獲得補助還得虛報預算。然而，最根本的問題是出在如何處理我們丟出來的垃圾。

科學技術的進步乍看之下帶給人們豐富的生活；問題是，為此地球有限的資源不斷地被利用，而人們又大量生產無法返還給大地的東西。

如果不能控制有害人類健康、有害地球的物質繼續生產、如果無法停止生產不易回歸大地的物質，那麼，根本不可能找到解決垃圾焚燒問題的方法。

自由是無價的，但是，我們不該坐視有損人體健康的物質自由生產，必須摒除「這麼想的話，企業無法發展、無法生存」的觀念。自由經濟、資本主義也不能是有損於人類的，人類的生活比經濟重要。戴奧辛的問題也可說是一向以經濟為優先的日本歷史出了問題。

也許我分析的不是很好。總之，抱著明確的目的意識，以冷靜的頭腦和溫和的心不斷地分析過去，自能找到事物的本質。

我們從歷史中學到什麼

一般而言，輕視歷史的人不算聰明。小自日常的瑣事，大自戰爭與和平，我們都應該始終維持向歷史學習的姿態。

當然，並非知道歷史就能預測未來的一切。但是不了解歷史就無法正確分析現在和未來的事情，以尋求解決之道。

對我們而言，最需了解的應該是第二次世界大戰、太平洋戰爭吧！透過學習明治維新以後的日本史，可以了解前人如何辛苦創立民主主義、以武力入侵外國是如何發生的、陳述反對意見就得入獄是半世紀前才剛發生的事等等。

現在一切都自由，言論出版自由、結社自由、政治活動自由、職業選擇自由，這些都是在戰爭的犧牲下所換取的。我們一定要從歷史來學習這些「自由」的可貴。不學歷史，不能確保這些自由並更往前發展。**雖然了解歷史不是理解現狀及確立未來方針的充分條件，但也是必要條件。**

訓練您「數學式思考」的問題②

在下了雪之後，留下了小白兔從一個洞穴跳到另一個洞穴的足跡。猜猜看現在小白兔在哪一個洞穴？但是，條件是相同的路不可以走兩次。

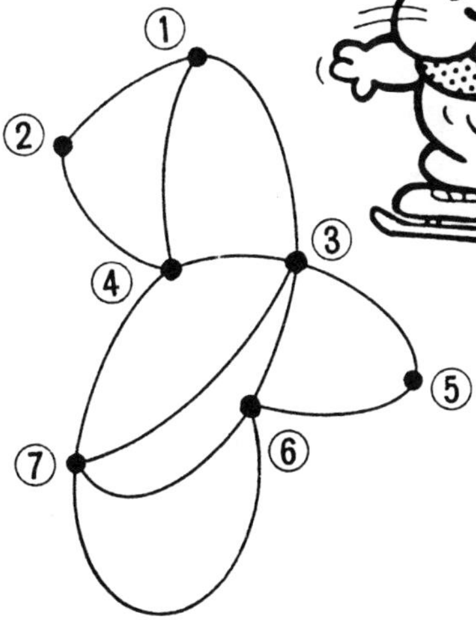

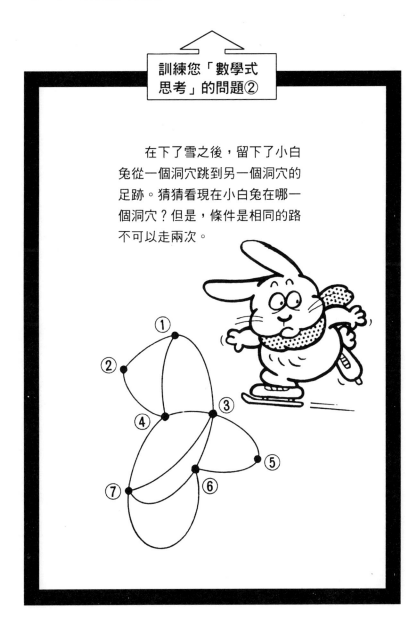

解答・解說

正確的答案是①或③都可以。首先先試著沿著圖線走走看，自己嘗試描繪看看路線圖應如何走，這些都是必備的。不久，您便可找出一套法則出來了。

從穴中出來的線數有雙數及單數，而單數只出現兩個地方。照理來說，沒有小白兔的洞穴會是，小白兔有來過一次的路及出去時所經過的路會自成一對，因此，通過其洞穴的路應該是雙數才對。

再則，小白兔最先出發的洞穴與最後隱藏的洞穴之間的路有一條沒有成對，照理來說應該是奇數。

弄清楚這點時，應該就可以知道小白兔所躲藏之處是位於單數的①或　。

這個問題是很簡易的問題，在數學上稱為pology 的範疇，用此方式可將類似此類的有趣問題作有系統的處理。

2 怎麼活用你的知性&教養

何謂教養

從一個人的演講中聽不到他自己的主張，只聞他列舉一堆偉人說過的話，這不過是顯露他人的博學罷了，對聽者而言，沒有意義。

所謂的教養並非精通各種領域之意，如文學、政治、歷史、經濟、政治、社會、自然科學、環境資源問題、能源問題、電腦等。

有教養是指對這些領域的獨特價值加以肯定，自己也感興趣，並積極地準備去面對。要認識列舉的這些問題的重要性，有適當的時機或場合時深入探討之。

從另一面來說明一個有教養的人，是指一個人能設身處地為別人著想，有一顆善良溫暖的心。與別人談話時能傾聽而不光說自己的事，或者不讓對方表達自己的意見。

舉一個「直升」的例子來說吧。中央教育審議會提出了一個案子，凡數學等特定科目績優的高中生，經評定後可從高二直升大學。對於這個議案，日本數學協會提出了批判性的見解。

承認每個人都有他異於別人的個性或才能是很重要的。當學生對某一領域有過人的能力而為老師所知時，老師也應該讓他儘量發展。但是，其他各個領域的東西也都有其獨自的價值存在，不能因此而阻礙學生學習其他重要的學科。

提早一年進大學有何意義呢？因此而失去的恐怕更多吧！除了數學等特殊領域之外，可學的東西還很多，犧牲這些而進大學可說是得不償失。

在大學裡有很多可學的事務，不見得學數學後，這方面就變得很強，也未必因此就具備研究數學的能力，數學的能力與人各方面均衡的發達有密切的關連。

在美國，高中二年級也能參加大學的招募（說得極端一點，任何人都可去應募），如果中途提出應募理由書，很少有被認可的。在美國跳級升高中的小孩本來就比日本多，通常學生年齡也因此比同學小。

美國的大學在評估入學生的能力，是不光看學科，而是從各方面來評估，所以幾乎沒有讓高中未畢業的學生入學的理由。

此外，美國的高中生在校修的通用學分（與大學學分通用）可以在大學中抵用，因此，原本四年的大學可以提前於三年修完就畢業。

哈佛大學一千六百名入學生中，約四百人具備三年就能畢業的資格，但幾乎沒人願意提前畢業，他們認為，好不容易有四年的時間學習，為什麼要放棄這個機會。

何謂知性

人是感情的動物。所謂知性的人，並非指吸收一大堆知識，而隨時可以掏出來用的人。

所謂知性，是指不流於當時的情感、周圍的意見及時代潮流中，而能慎重分析該事物，並加以歸納，思考相關事情的交互作用，然後做正確的判斷。

雖然必須具備基本知識，但若需要更多知識時，要有蒐集資訊的能力，自己必須對研究調查有自信，並將蒐集的資訊好好活用。

舉例而言，公司命你調到東南亞。即使目前你完全對這個國家不了解，也沒有興趣，也應該想辦法讓自己產生這樣的想法：「這是個好機會，我得好好研究一下這個國家。」

自己要有自信查清楚關於該國的一切，如經濟（金融、商業、工業、進出口）、教育制度、與日本的關係、風俗、氣候、自然環境、人的生活環境、飲食、住宅環境等等，都得一一調查清楚。

在大學的討論會(Seminal)中有很多機會可以培養這種自信，凡經歷一次嚴格的指導後，大都沒有問題。每個人都應該經歷這種針對一個主題深入調查研究，並從各個層面去分析的訓練。

訓練您「數學式思考」的問題③

我們要如何來思考那種如地球表面上的三角形呢？

此時「內角總和 180°」這個說法成立嗎？

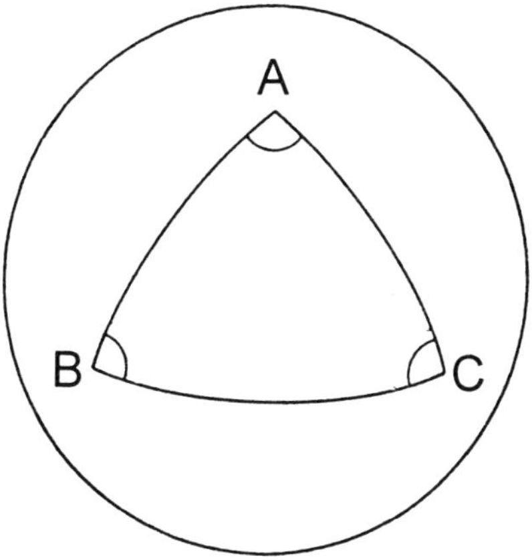

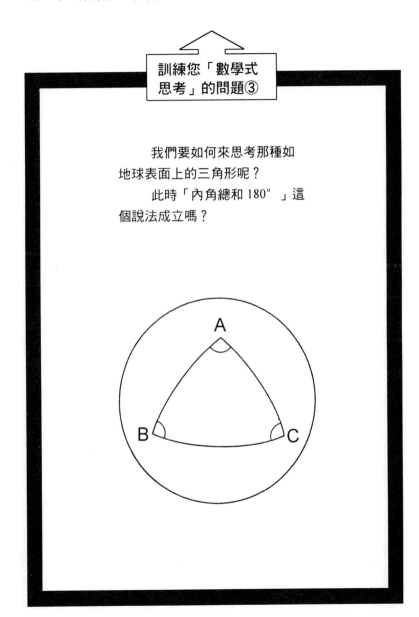

解答・解說

由於三角形是由三條直線所勾劃出來的圖形，因此，首先必須先將在球面上的直線弄清楚。

在一般的平面上，連接兩點的直線是兩點間的最短距離。於是，我們可以這麼想，就算是在曲面上，連接兩點的線亦是兩點間的最短距離。在此球面上的直線是，通過球心的平面與球面之間的交會點，也就是「大圓」。

畫出各種三角形並測測看它們的角度就知道了結果—「內角的總和通常都大於 180°」。

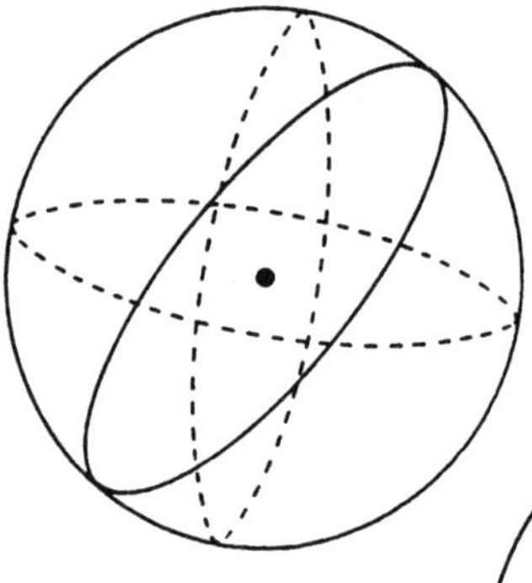

通過中心的平面之切口（大圓）者是「直線」

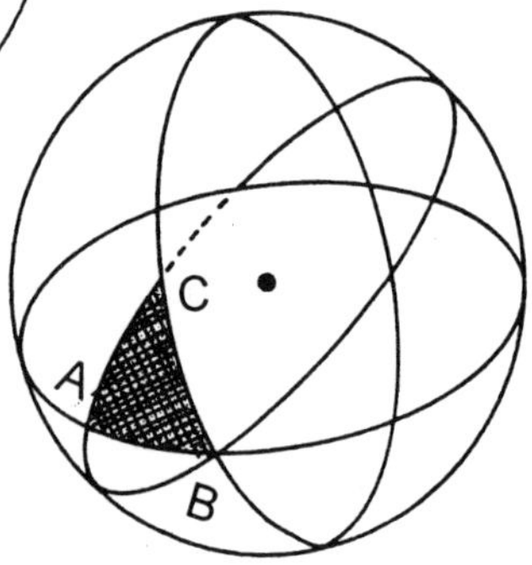

由在球面上的三角形ＡＢＣ三個大圓（直線）所形成。

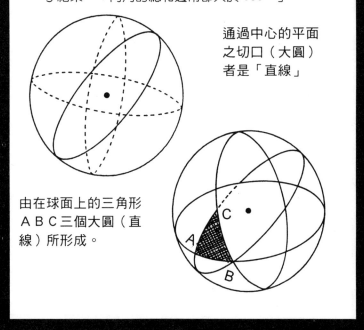

冷靜的頭腦、溫暖的心

用頭腦思考事物時，必須相當的冷靜，但如果忘了對人的體貼和善意，也無法做出冷靜的判斷。

站穩立場，堅守原則地表達自己的意見很重要，但若完全不考慮周邊的情況，也不論是否會傷害到別人，只會惹來白眼而已。

然而，若完全不表達自己的意見，一味看人臉色，這樣也很無可奈何。

對於那些乍看之下相反的意見，我們應該綜合整理，然後在清楚地主張自己意見的同時，也能傾聽別人的聲音，吸收別人好的想法，融入自己的看法當中。

無論在何種情況下，要尊重朋友、老師，學長、學妹，上司、屬下，父母、子女，隨時以冷靜的頭腦和溫和的態度面對他們。

例如，學弟妹或屬下、孩子們犯了嚴重的過失，也許你會因情緒不好而盛怒，若是因為他們粗心或小看了事情的嚴重性，光口頭上責備也沒有用。

倒不如冷靜想想疏忽的原因，找出預防再犯的方法，並想想屬下之所以犯錯和自己有無關係，是不是自己也該負點責任。總之，隨時不忘保持一顆冷靜的頭腦和溫暖的心。

第二章 訓練好腦筋的學習內容

1 如何在各種領域下功夫

抓住事物的多面性

談到「用功」，大概有很多人誤以為只是知識的獲得。如果只為吸收知識，那麼身邊隨時擺上一本百科全書就夠了。事實上，用功學習包含了相當深的含意。

讀歷史時，只記得事件的年代、名稱及內容，不能稱為用功。真正的學習包括事件發生的背景、原因、在什麼情況下發生、影響層級、人們如何看此事件等，都應鉅細靡遺研究一番，抓住事件的多面性。

透過學習歷史，我們應該理解凡事皆有原因、背景、一定的必然性及關連性，否則，這項學習是沒有意義的。也許隨著時間的經過，有些細節遺忘了，這也是無可奈何的事。但是，最重要的是，你已培養了一雙看歷史的眼睛，這才是學習的具體成果。

好書推薦

★吉本著　『羅馬帝國衰亡史』　岩波文庫出版

這是吉本於十八世紀嘔心瀝血完成的大作。如書名所示，敘述羅馬帝國衰亡的過程。

★湯恩比著　『歷史的研究』　社會思想社出版

內容分析各種文明問題。在閱讀時應帶著批判的態度，這是讀書應有的態度。書中有許多湯恩比獨斷的看法，不可盡信。

★提拉著　『第二次世界大戰的起因』　中央公論社

從各個角度看第二次世界大戰的起因，閱讀時可視為多面性中的一種見解。

秉持「終身學習」的想法

大概很多人都認為，求學是學生時代做的事吧!?和其他動物比起來，一生在學校求學的時間確實很長，但實際上所學卻相當有限。在社會上活動的時間是在學期間的好幾倍。

從學校畢業後，由於工作的關係，自由的時間的確少了很多；但是，如何運用這極少的時間在幾年後，十幾年後，更或是數十年後卻會產生驚人的差異。

在學生時代自由的時間雖然較多，但所學的範圍卻極有限；入社會後，看到東西多樣新鮮，常能引發出別的興趣。這時，希望大家能想起「終身學習」這個觀念。

透過社會的經驗，常比學生時代更能埋首學習，獲得豐富的知識。

能夠在自己有興趣的領域裡鑽研，閱讀、查資料、歸納思緒等是一件很棒的事。不要只看那些薄而缺乏內容的週刊雜誌，多找些容易讓你入門的書籍來閱讀，以豐富自己的人生。

選好書的條件、如何讀書

要找到能訓練頭腦的好書並非易事；許多暢銷書動輒銷售數十萬、數百萬本，買來一看，不過爾爾的也為數不少。

一般都認為銷售量應該和書本內容成正比，事實上往往不是如此；之所以賣得好是因為出版社的宣傳成功，或透過媒體的有力宣傳等多種因素結合而成的。如果是為了怕不去讀會丟臉或者不能和別人有共同話題，那實在很悲哀。

當然，身為一個作者，包括我在內，總希望擁有許多讀者，想告訴讀者的東西太多，同時也為了獲取讀者青睞而下了相同程度的工夫。

然而，最終的選擇權還是在讀者，買不買、閱讀的認真程度、對作者想法的認同程度等，都由讀者決定。

最好不要認為有對一萬個人而言皆是好書的讀物存在，因為是不是好書乃因人而異。唯有在自己有興趣的範疇內，找出能夠培養自己大格局思考模式的書。

和數學或數學教育相關的書方面，如果只舉出一本大家都能閱讀的，我會推薦（『數學の學び方教え方』。岩波新書）這本書。

這本書我也介紹給大學生當參考書，它將自小學起所學的數學真正的含意都充分說明，許多讀者看過後頗有恍然大悟之感。

讀書時最重要的一件事，是對作者所述的事情抱著批判的態度來檢討、閱讀。不論作者是多麼有名或多受肯定。

將眼睛所見，吸收到頭腦中的資訊重新思考一次，然後再把架構起來的自我看法和書中的見解對置於腦中，如此邊思考邊閱讀最好。

一邊閱讀，一邊思考你不能接受的看法、和自己看法相反之處、根本是胡說八道的部分、沒有內容的部分等等，這是讀書該有的態度。

若認為內容豈有此理，不必繼續讀；若覺得中途不想繼續看下去，認為這種程度的東西自己也能寫，那麼，我鼓勵你自己試著寫寫看，只要你覺得自己寫的會更清楚更容易被接受。

和聽別人說話一樣，對於所讀的東西照單全收而不懷疑，無法增加自己的能力。你必須常常一邊思考「為什麼說得出這種話」、「為什麼得出此結論？」、「是否太簡短？」、「好像和事實不符」等問題，一邊閱讀。

2 如何選擇學習的類別

學習歷史，擴大視野

從宇宙的歷史、地球的歷史、人類的歷史等大格局的歷史到個人的歷史，也就是傳記，各種程度的歷史都值得學習。

當你經常思考著「宇宙是如何形成的」、「人類是如何出生、創造文明」等問題時，**自然不再因日常生活的一些瑣事或喜或憂，也漸漸養成大格局的思考模式。**

在學習自然科學時，可以瞭解宇宙觀、自然觀和科學、技術的發展史，豐富了你的科學知識。

無論多麼了不起的理論或發現，都有構成其基礎的土壤，並受到時代的制約，能跨越各種障礙流傳至今也是不容易的。因此，學習科學的歷史將增加許多能力。

學習人類的歷史，可以了解人類是多麼愚蠢的自相殘殺、引起戰爭、奴役他國人民；如何以武力占領別人的土地，使其屈服；在宗教的名義下，有多少人流血而亡等，**知道這些悲慘的歷史，才能體會追求和平的重要性**。

雖然目前地區性的紛爭、行使武力等情形暫歇，我們仍不能大意。人類或許變得精明些，那是因為追求和平的人大聲疾呼，並舉行各種活動的成果；一旦這方面的勢力減弱，難保世界不會再掀起大規模的戰爭。

學習歷史的一大目的，就是要認清，把自己的利益、自己國家的利益擺在第一的這股勢力，永遠存在。

比「歷史會重演嗎」更重要的問題

什麼時代都會發生戰爭，只是規模大小而已。通常都由小集團間的爭戰開始，後來逐漸演變為國與國之間的戰爭，最後擴大成世界大戰。

戰爭的手段，也從弓、長鎗的時代進化至槍砲、炸彈的時代，並能搭飛機和船至遠方作戰。現在竟然演變到使用原子彈、氫彈甚至生化武器等能大量殺人的工具。

看到這種戰爭規模的擴大和手段的殘酷，不悲觀也很難。**今後的重要學習課題不是「歷史會重演嗎？」而應是「不要讓歷史重演」。**

從文學中看「人」

文學作品中也有很多關於戰爭與和平的題材。此外，文學作品中有很大部份是以個人的生活方式為題的。**在各種時代及社會狀態下，人們如何感受、思考、煩惱痛苦、享受喜樂，知道這些將豐富我們的心。**

每個人都有煩惱、痛苦，有時候一敗不起的情形不少；但是，當我們讀到許多失敗後，因為某種機緣振作起來的例子，我們自然會用溫暖的心去接觸四周的人。

或許有人認為事情沒有那麼單純，至少有一點可以確信的，那就是當你一口氣讀完一部好的文學作品時，好像走進一個遼闊的新世界。

在閱讀文學作品時，不必考慮「要學些什麼」、「讀了腦筋會不會更好」等。有人擔心這樣無法持續。**其實，只要有趣就會一直看下去。這時候，還是一邊動腦一邊讀比較好。所謂動腦是指將書中的敘述在腦子裡描繪一番，和書中的角色一起**

高興、煩惱、思考。

不要因為內容有趣就急著往下一頁翻，這樣會減低其中的樂趣，而且抹殺了作者為了引導我們走到結局，一路上辛苦準備的精彩內容。忽略這些直接看結論，將錯過較有深意的部份。

好書推薦

★杜斯托也夫斯基著『戰爭與和平』　新潮文庫等

這是一本長編小說，描述在蘇俄帝國與拿破崙軍的戰爭中生存的人們的生活

★荷馬著　『伊里亞德』、『奧德賽』　岩波文庫

『伊里亞德』是以傳說中的特洛伊戰爭為主題。英雄和無名的戰士留下自己所愛的人，勇敢地在戰爭場上奮戰，也一個個倒下去。『奧德賽』則是一個流浪者遊遍諸國後回國的冒險故事，這本書應該比較有趣。

★吳承恩著　『西遊記』

這是三藏法師帶孫悟空、豬八戒及沙悟淨等三位徒弟往西方取經的故事，途中遇到各種妖怪，驚險萬分。三位徒弟的個性相當逗趣，現在大概也有類似的人吧！

★莎士比亞著　『哈姆雷特』　岩波文庫

莎士比亞的四大悲劇之一。有「生與死，這是一個問題」的獨白。

★司湯達著　『紅與黑』　講談社文庫等

雷諾鎮長雇用平民之子朱利安為家庭教師。之後朱利安和雷諾夫人發生曖昧關係，只好辭職。在進入神學校後，成為侯爵的秘書，並與侯爵之女相愛。然而，因雷諾夫人的來信使得兩人不能結合，最後造成悲慘結局。

★雷桑著　『紅字』　新潮文庫等

這是美國殖民地時代的故事。在此歷史背景下，由母親和牧師私通所生的孩子珍珠、母親赫斯特、她的丈夫及牧師等人之間發生的種種編織而成的羅曼史。

★屠格涅夫著　『父與子』　集英社等

唸大學的兒子阿卡代帶著朋友巴札羅夫回到身為地主的父親尼古拉的身邊。父子因世代差異產生的反抗心、對立狀況等，恐怕不只當時的蘇俄有此情形吧！

★雨果著　『悲慘世界』　岩波文庫等

因犯罪入獄十九年甫出獄的秦發俊，又偷了主教的銀製餐具；然而主教卻告訴憲兵，那是贈與秦發俊的禮物。他因此奮發向上，當到市長的職務，但卻又為幫助一名被誤為是自己而遭逮捕的男子，報出真實姓名，結果再次被捕。

★卡洛爾著　『愛麗絲夢遊奇境』　角川文庫等

作者為牛津大學數學講師。愛麗絲在無聊之中睡著，掉入兔子的洞穴後身體變小，然後遇到許多人和動物，有時候被欺負。最後在接受判決時，叫了一聲「愚蠢」後驚醒。

★海明威著　『老人與海』　新潮文庫

年老的漁夫山哲已二個月沒有任何收穫。在第八十五天終於捕獲巨大的魚，但運到港口相當困難，再加上一路遭鯊魚攻擊，到港口時只剩下魚骨頭。

★安部公房著　『砂之女』　新潮文庫

在長期困於沙穴中無法逃脫，經過長期奮戰後終於能夠出來的描寫，相當有意思。

★水上勉著　『雁之寺』　新潮文庫

身世坎坷的少年和尚慈念和里子的關係，因憎惡而刺死老師慈海的心情是可以想像的。

★吉川英治著　『宮本武藏』　講談社文庫

這是描述二刀流鼻祖武藏的武士修道之旅，其修道過程值得一讀。

★川端康成著　『山之音』　新潮文庫
描寫戰後某家族中發生的各種事情和心理的變化，耐人尋味。
★谷崎潤一郎著　『細雪』　新潮文庫
以大阪的船場為舞台架構的四姊妹故事。從中可享受到圓熟的耽美主義。

心理學是瞭解人性的寶庫

心理學可說是「關於人的科學」。人的身體由所謂的肉體（物理部份）、腦和心的運作（精神面）所構成。

這兩面互有關連、互相影響，無法完全分開。此外，人無法單獨一人生存在社會上，所以和社會上的人也有牽連。

通常在「心理學」前都會冠上一些名詞，如教育心理學、發達心理學、兒童心理學、臨床心理學、社會心理學、性格社會心理學、青年心理學、福利心理學、家族心理學、產業心理學、犯罪心理學、造型心理學、職場心理學、老人心理學等等。

好書推薦

★佛洛依德著　『精神分析入門　上下』新潮文庫

佛洛依德之代表作。在無意識的衝動中追求人類的精神活動及行動。

★楊格著　『楊格人類論』　思索社

為佛洛伊德的後繼者，但自創另一套心理學。在個人無意識的更深一層中，還有誰都有的無意識層。

★亞歷山著　『幼兒期和社會』　みすず書房

判別自我發展的八個心理社會發展。明確說明自我同一性的概念。

哲學涵蓋了所有的領域

從前談到學問，哲學概括了全部。從現在稱博士為Ph.D（Doctor of Philosophy）可以窺知其重要性。現在，「哲學」的含意比較狹小，但仍包括自然科學、社會科學及人類的生存方式等範疇。

一個人對物的看法、對世界的看法、宗教或政治經濟等，都和哲學有很深的關係。在學習了具體的範疇後再讀哲學，較容易從抽象的哲學內容中看出現實部份，而理解哲學。

哲學能告訴我們乍看之下毫無關係的自然科學和社會科學之間的共通性。閱讀哲學後再學習各種領域的問題，在想法、看法方面皆更豐富。學習哲學可更清楚看清世上的現象。

很多人都去讀『蘇菲的世界』這本書，大概是想從中了解事物的本質吧！哲學有各種潮流，各種人的各類思考，了解其特徵，看法自然呈多面性。

談到唯物論或辯證法等名詞，可能有人覺得排斥，認為那是左翼思想。其實，如果能摘下意識形態的有色眼鏡，學習這些哲學思想，可理解用科學來思考事物的方法。科學家多多少少以唯物論處理對象，而且常用辯證法來處理。

好書推薦

★亞里士多德著　『自然學』　岩波書店

也許有人會改變對事物的看法。內容討論關於自然、運動、偶然、無限、時間、場所、空虛等。可以激發豐富的想法；生成和消滅，增大和變小，變質、移動等。

★黑格爾著　『大論理學』　岩波書店

讀此書可軟化生硬的腦子。內容討論各種事物之間的關連和變化發展。舉例而言，「量變轉化為質變」等。

★恩格斯著　『自然的辯證法』　岩波文庫

以如何認識自然的觀點來寫此書。數學方面，說明了數學並非靠頭腦無中生有製作出來的，而是以自然或社會中存在的「量」為基礎而產生。

從看電影學到什麼

有時候看電影只是一種純娛樂的行為，但大部份原著作者或導演都希望透過影片傳達一些訊息。

電影要像小說一樣將書中人物心理的微妙動搖、迷惑、反覆的矛盾等充分表現，沒有那麼容易。有時候我們去看一部由相當出色的原著改編的電影，卻無法從中感受到那種微妙的心理變化。

然而，藉大銀幕放映出來的影像和效果，可以產生和讀小說不同的魄力和說服力。很多人應該看過『辛德勒名單』這部電影，內容描述二次世界大戰期間，德國人虐殺猶太人的情形，以及為此種政策痛心的德國人想解救猶太人的故事。雖然透過語言，我們已知道德國人殘殺猶太人的故事，但是靠近銀幕一看，有更深一層的體會；並了解不是人不好，而是部份的權利慾望者想出的政策所造成的悲劇。

看過『侏羅紀公園』的人更多。科學家將曾吸過恐龍的血，夾在琥珀層中的蚊子取出，然後成功地利用採出來的DNA製造出恐龍，並建造恐龍公園，後來無法掌控恐龍們，恐龍作出狂暴的舉動，場面相當驚人。

恐龍是以電子合成方式作成，看起來很具真實感，讓人捏冷汗的畫面不斷出現，趣味性十足。這部片子同時暗示我們，人類發明原子彈、原子發電及造成臭氧層破壞等公害，而從來不檢討它們造成的影響。在不能控制之中還繼續發展科學技術，終有無法掌控的一天。

看電影不光覺得有趣就好；自己思考、和朋友討論、和家人聊，都很有意義。而且可以聽到別人從別的角度看同一部片，對於擴大自己的視野，很有幫助。

從別人口中得知自己忽略的部份或者從反面理解事物的方法，都有助於觀賞下一部片子。此外，知道每個人都有自己的看法後，與人交談時也會用心聽對方的話，而不會只顧發表自己的高論並強迫別人接受。和別人一起看電影後一起討論，也有這方面的好處。

不知道政治或經濟，無法生活

對我們生活影響頗大的政治和經濟。每天買東西所繳的消費稅，和政治、經濟都有直接的關係。各政黨提出許多政策來討論如何建立國家的財政結構，人民握有權利決定投票給誰，投票結果可以決定消費稅為5％，也可以為零。**民主主義的原理勉勉強強通用，所以，政治是好是壞取決於我們國民。**

為使民主主義充分發揮其功能，人民應該學習政治經濟，精明一些。

經常思考憲法的優缺點，偶爾重讀並和外國的憲法比較，這些都是必須的功課。此外，要好好觀察政治；新政黨的成立、解散，分裂、結合等瞬息萬變的政治生態，值得研究。

重要的稅金使用途徑及方法有許多不透明之處，如海外援助金、財政投資、融資、補助金等的使用等，必須靠眾人的眼睛去監視。

經濟方面也有許多該學習之處。舉凡國家和地方公共團體的財政結構及問題點、稅制應有的樣子、金融機構的問題點、勞動者的實態、產業及企業的實態、進出口的問題、外匯及股市的原理和因應對策等，都是很好的學習課程。健康保險和社會福利等，更是人人切身的課題。

要學習現代的政治經濟，看報紙是最快速簡便的方法。除了日報以外，晚報也登載一些有趣的、批判政治經濟動向的報導。報紙上的見解五花八門，全憑自己花腦筋閱讀、批判。

好書推薦

★亞當史密司著　『國富論』　中公文庫

古典經濟學。長久以來廣泛被閱讀。將經濟自由主義理論化之著作，主題廣泛。

★盧梭著　『社會契約論』　岩波文庫

這不是一部暴君政治論，而是追求「共通的權威」，也就是以民為主的政治該如何做的問題。

★凱因斯著　『雇用、利息及貨幣的一般理論』　東洋經濟新報社

雇用問題、景氣浮沈、公共事業等現代的經濟學基礎。

★馬克斯著 『資本論』 岩波文庫等

這是一本用科學方法說明資本主義經濟不確定部份的巨大著作。全部讀完可能較難，光看前面「價值、貨幣」部份就很有意思了。

因應科學的進步來學習

科學技術的進步大幅提高人類的生產力，使我們的生活看似更豐富。但是工業的發展也帶來破壞環境的副產物。

汽車，別是柴油車排放的黑煙對健康有害，那就應該立即禁止買賣。然而，事情卻不那麼簡單，標榜「尊重人的政治」這句話的政治家那麼多，他們似乎不可能去採行禁止銷售柴油車的措施。

現代生活因科技的進步而需要大量的能源。為獲此能源而使用原子能發電，這將在幾百年後累積大量的有害放射性物質。

我們不能將政治交給那些不懂原子能發電的危險性、放射性物質的性質及危險性的政治家。

不光是政治家，在這個時代，每個人都應該認真學習科學知識和科技帶來的諸多問題。現在已經不是一個說不懂理科就可將一切置之度外的時代了。

地球溫度升高及臭氧層的破壞等，使得我們的生存環境產生很大的變化；在不久的將來，人類或許將面臨龐大的困難，如果大家不努力學習，訓練因應問題的好頭腦，可能會造成無法挽救的結果。

知道宇宙的起源改變了什麼

生活在這忙碌的世界，也許好多人都認為，哪有時間去管什麼宇宙的起源。其實，大家應該留給自己一點時間，看看夜空中的月亮、星星，想想除了人類以外，宇宙中是否還有其他智慧的生物，或者星座的傳說等等。**看看閃爍的星光和銀河，能洗滌胸中的鬱悶，忘卻日常的煩惱。**

關於宇宙的諸多問題，如，整體宇宙的變化、宇宙有邊際嗎、宇宙是如何生成的等等，最近的宇宙物理學相當進步，大家可以從中得到滿意的說明。

霍金博士的名著『Brief History of Time』，在全世界各地都賣得很好，許多人都很喜歡這本書，你也可以試試看。

人類如何於地球上誕生，又如何進化到現在的模樣，這始終是個謎。有人說是彗星將生命的種子撒到地球上，而形成生命。

光是偶然性的累積或突變並不能說明生命的誕生和進化，關於這個謎，有各種不同的主張，性和生殖、免疫學及生態等，都應該學習。

詳細了解生命的形成和不可思議的再生能力後，你將體會生命的偉大和珍貴。

如何學習理科

最近中、高甚至大學的學生不喜歡研讀理科，令人擔心。其中自然有許多原因。如果讓課程生動易懂，相信討厭理科的學生必會減少。光要學生用頭腦死記而不作實驗，不讓他們看實際的自然現象，當然引不起學生的學習慾。

背公式、計算等無法吸引學生。給他們一個實際的課題，然後要他們下工夫去實現，這樣不但有趣，還能訓練腦力。

我兒子在美國的高中學物理時，作了很多東西。據他說，最有意思的是物理課最後的主題，如，使用固定的材料如何作出跑得快的遊艇等。由一組人共同完成後再到游泳池去競賽。

舉凡科技、工業的發展、生產力的增加、能源問題及公害、糧食問題、環境破壞等都和科學脫不了關係。在這種時代，如果因為教育失當而使得對科學有興趣的學生減少，是相當嚴重的問題。因此，老師要下決心嚴選教材內容，讓學生體驗實際的現象、作實驗，享受自己完成一件作品的喜悅，這樣學生就不再害怕接近理科了，這對國家或世界的將來，都很重要。

好書推薦

★伽利略著　『天文對話』　岩波文庫

內容說明欲理解自然界，首先要有事情可以觀察，然後驅使數理式思考來追求本質。換句話說，即從現象論進展到實體論。此書因談到地動說成為禁書，伽利略也因此遭終身監禁。

★伽利略著　『新科學對話』　岩波文庫

以三個人在四天中對話的形式，討論無限、連續、不連續、運動、力、加速度等。並舉例說明實驗、假設及推論的重要性。

★哥白尼著 『關於天體的運轉』 岩波文庫

這是一本提倡地動說的書。大家都知道地動說就是「地球一邊自轉一邊繞著太陽公轉」的說法。書中並從觀測結果完整說明月球及其他行星的運動情形。

第三章 如何培養能力

1 能力非天生就有

為什麼日本人會說日文

大概有人認為頭腦的好壞是天生的。學習數學和其他領域的學問需要特殊的才能嗎?大部份的人都堅信自己頭腦不好，所以數學很差。當你問他們「英文怎麼樣」，答案幾乎都是「英文也不行。單字背不起來，美國人問路或者說什麼都聽不懂」。

這時候，你只要跟他說:「但是你的日文說得很好」就可以了。英文好不好是依出生後的環境來決定，也是幼兒在成長過程中接受的教育所堆積的成果。若能理解這些原因，數學和其他科目也就同理可證了。

事實上，人的能力是很了不起的。在這廣大的宇宙中，有如人類般優秀的生物嗎？在美國雖然一直進行研究探索地球外的生物，但目前仍無具體成果。但我們仍期待有一天能跟地球外的生物通訊。

在我們出生數年後能和親人和朋友溝通，這一點是相當驚人的。**在美國成長就能說英語；在日本長大自然會說日語。從這一點可證實，語言溝通取決於後天的環境和教育。**

發出聲音的組織由基因決定，但是理解語言並熟練語言的能力卻由後天的教育來決定，這很有意思。如果語言也在基因的管轄範圍內，那麼就麻煩了，因為如此一來我們絕不可能會說英語。

人類應該有能力靈活運用由基因決定的部分和從後天環境、教育所學到的部份。拿電腦來作例子，就類似硬體和軟體的關係。**如果將所有人能使用語言的潛力比喻成硬體的話，要用日語或英語則可想成是軟體的選擇問題。學習數學及其他科目的能力也一樣。**理解數學並能使用數學的潛力，是人人都具備的硬體組織。

相對的，從後天的教育學到實際運用數學的能力，是軟體的問題。

戰後日本人的體格急速成長，但牙齒和骨骼疏鬆卻成了問題。這就好像硬體進步得比軟體快一樣。由於兒童教育的重要性未在社會上形成制度，因此衍生出各種問題。如虐待幼兒、欺負同學等。

兒童教育不僅是家長的責任，也是社會的責任，大家應該更加為保護孩子而努力。

培養能力的要素

處理數量的能力和語言能力一樣，於出生後次第形成、成長。剛開始會依本能的需求來判斷量多量少，漸漸地就能有意識的去判斷，這就是數學的開始。從日常生活的比較中培養對量的認識，如強、弱，長、短、快、慢等等，是一種不錯的方法。

大部份的人大概不知道認識數量是學習數學的基礎。也不知道什麼是數學。關於數學是什麼，這個問題後面將會討論。恩格斯的說法「數學即量的科學」，是很真實的。也許有人認為，那是古代的數學，姑且不論微積分，此說法和處理結構的現代。但我認為，綜合而言，數學就是一種量的科學。所謂的「量」不單是

訓練您「數學式思考」的問題④

正多面體（所有的面都相同，都是由同形的正多角形所形成的多面體）有 4、6、8、12、20 這幾個面體，為什麼只有這些呢？

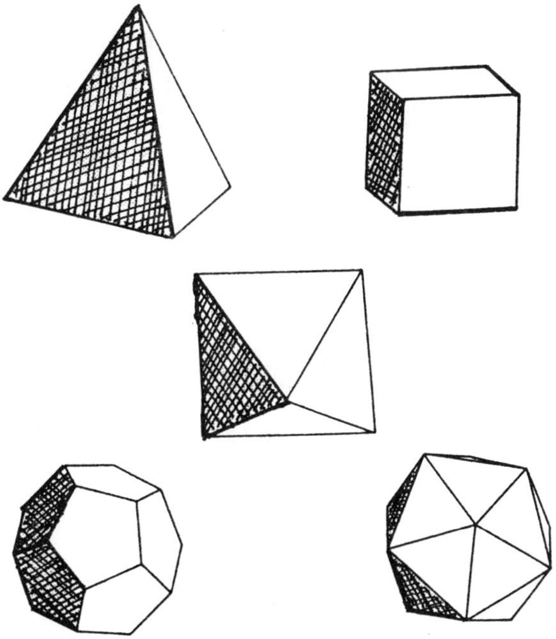

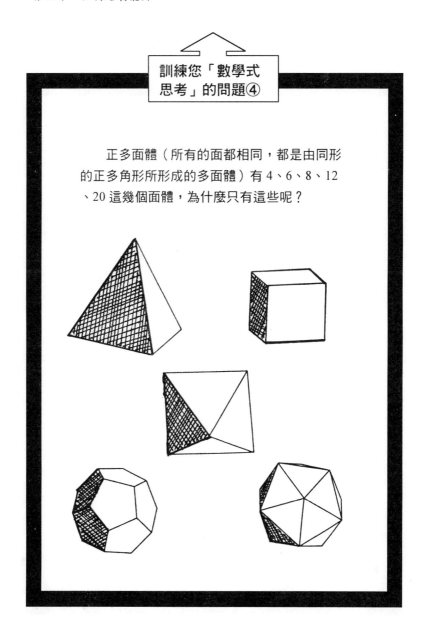

解答・解說

像這種問題，光靠腦筋想是想不出結果的。它是要在實際試作時才會理解的。比如說，面的形狀如果是正六角形以上的話，可立即而知的，是無法形成多面體的。

要完成多角形，是必須要有三個以上的正多角形集中在頂點，然而我們可馬上得知，六角形無法成為完整的立體。

而欲作五角形時，作作看便可清楚了解到只能作一種而已。使用正三角形時，可作成 8 面體、正 4 面體、正 20 面體等三種。總共只能作五種。

日常的量，還包括圖形及結構。

話題似乎越來越難了。讓小孩子在吃飯和遊戲之中逐漸認識「量」是很重要的。

學習語言從聽、說開始，經過一段時間再學習讀、寫；數學也是一樣，學習基礎的量是每個小孩自然會去做的活動。只要稍微在旁協助孩子有意識地去學習，助益就相當大，這也正是教育的工作。

2 豐富的經驗能培養能力

小孩從經驗中學習

小孩子是從生活經驗中開始學習數學及其他東西。要了解各種量就必須有各種經驗，因此，教育方針也應以「豐富的經驗」為導向。光用聽的確實不容易理解，所謂「百聞不如一見」，看見實物的說服力最大。

不要只用頭腦理解，要實際去做，從實物中去理解，這在童年時期特別重要。經過幾次類似物的經驗，才能開始形成抽象的概念。沒有具體的經驗，很難理解抽象概念；也就是無法培養能力。

我的小孩在英國唸小學時，學習產業革命的課程。在查過一些書並讀過後，展開一星期的旅行。他們造訪發祥地，進入炭坑，乘船遊運河、操作紡織機，是一次相當珍貴的體驗。

現在我家裡還有當時在運河上載運煤炭的輪船模型。在亨利八世時代立刻沈掉的船 Mary Rose，我也跟著參觀，至今仍印象深刻。

在教室內學習的那個月，所學內容包括當時的政治經濟史、食物、服裝、樂器等。數學方面，他們設定尋找沈沒的船隻，學習了角度、經緯度的問題，對於電腦遊戲，也樂在其中。最後實際參觀了打撈起來的 Mary Rose 號，相當有真實感。

這種方法稱為「綜合學習」，當然不可能要求老師每次都這樣做，但一年可以做個幾次，培養學生的能力。

動手作可培養能力

人類製作、使用工具後，頭腦大幅度發達起來；小孩子的能力也一樣，讓他們動手、動腳來製作各種東西，自然能培養能力。從小就使用剪刀或刀子的孩子，能力較佳，許多父母為了怕孩子受傷，不讓他們碰刀剪，這是很麻煩的事。

我的小孩之所以喜歡做勞作，就是雙親這種教育方針的結果。雖然他也曾多次被刀割破皮或流血，但是喜歡做東西是一件好事。他作了好幾架飛機，也組成了好幾架望遠鏡。

他常請朋友到家裡來一起做，甚至還製作了英國有名的巨大遺跡 stone henge 的模型。上歷史課時，老師要他們發表關於這個遺跡的報告。模型製作要容易用於說明，並調查太陽上升的位置和星星的關係等。由於在英國時曾看過實物，所以幫助很大，而且小孩本身也有興趣。

在美國高中的社會教育，以學生自己去調查、發表的情況較多。經濟的課程則分組到各企業去做各方面的調查，整理後於課堂上發表。

日本在極有限的條件下，也有很好的老師將製作東西放入課程中，但畢竟不普遍。雖然老師們都理解人光訓練腦筋是不能培育出能力的。要讓腦筋發達就讓他們充分運用手足，似乎還有好多老師不明瞭這一點。

培養數學能力外一章

演奏樂器動手又動腳，是一種培育能力的好方法。演奏樂器除了讓手足運動，也有接觸美的一面。大概許多人都不知道音樂和數學或其他領域的學習有關吧!?其實，不只有關，還有密切的關連。

數學和音樂是互通的。數學在追求某種美，這種美即是一種共通性。

數學家中不乏喜愛音樂的人，由數學家轉向音樂成為指揮的也大有人在，愛因斯坦就會拉小提琴。

最近聽說哈佛有一位二十幾歲的數學教授，很喜歡作曲，還幫大學的樂團作演奏曲。所以音樂對數學的學習是很有幫助的。

第四章

「數學式思考」使腦筋變好的學習法

1 死記的缺點

機械式背誦會使人變笨的理由

用功學習常被誤解為背誦、死記。事實上，日本的教育就是這種情形，光死記對自己一點幫助都沒有。

所謂的死記就是不理解內容，只是純粹將知識植入腦中而已。

而所謂的動腦理解，是和其他的知識串連起來，有條理的整理，在必要時能應用得上的意思。

死記只是把看到的東西寫在腦子裡面的檔案，作成一個個獨立的檔案，想從中查出相關連的事是不可能的。

常常這樣使用你的腦子，它的記憶裝置構造就會定形，在面對新的問題時，想要用記憶裝置的力量已生銹，頭腦越來越鈍。

不去理解而光是持續進行死記的工作，久而久之會失去透視事物本質的能力、分析歸納的能力，及調查相關事物的過去和經過的能力。

希望大家能理解死記的缺點，不再繼續這麼做。

學和記有何不同

很久以前有一部以哈佛大學做為舞台的電影，叫做「Paper Chase」。裡面有一個學生記憶力驚人，他能像照相機一樣，把一切都記起來。然而，他卻無法將記住的內容轉化成思考的材料，建立自己的邏輯，活用那些內容。

教授嚴格批判他，要他用頭腦思考，但他始終做不到，只好中途輟學。

美國的學生有這種情況的很少。

他們很少被要求做那種解釋題的無聊作業，大部份都自己去搜集資料，以自己的獨自思考為基礎，發表自己的意見。所以，在美國的高中或大學很自然地就能培養這種能力。

也許因為理解是一件相當辛苦的工作，所以大部份的人因不能理解而只好記憶。但是，為了長遠之計，使自己腦筋能發達，必須在「理解」這件困難的工作上下工夫。

靠死記考高分是對是錯

考試考得好能激發讀書欲，所以有些人認為姑且背一背也是必要的。但是，一旦養成死背的習慣，分數越高就越習慣死記，永遠也無法培養真正的實力。這一點我必須在此慎重地警告大家。

考大學的數學也不例外。有人直言大學聯考的題目不需自己去思考解題，只要記住解題方法就可以了。這種想法實在很糟糕。

關於聯考的考題，後面還會討論，這和考試方法有關係。

哈佛大學在理科學生考數學或物理時，大抵都會發一張公式給學生參考。即使是為考試而求學，仍應避免機械式的記憶方式，而應理解、思考內容，並呈現思考

訓練您「數學式思考」的問題⑤

用 3 根火柴棒可作一個正三角形。那麼，用 6 根火柴棒來試作 4 個正三角形。但是，條件是火柴棒不可交叉。

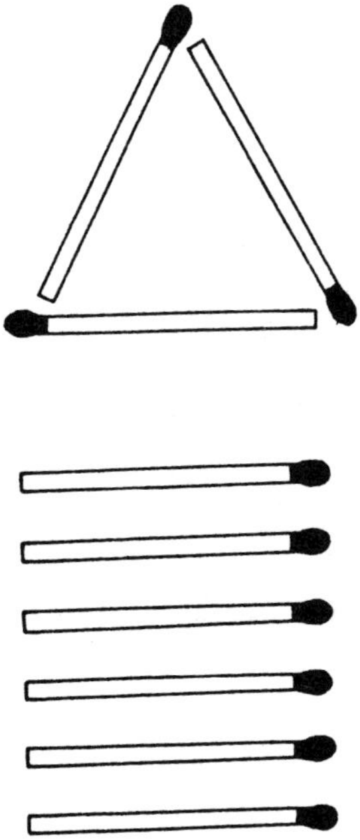

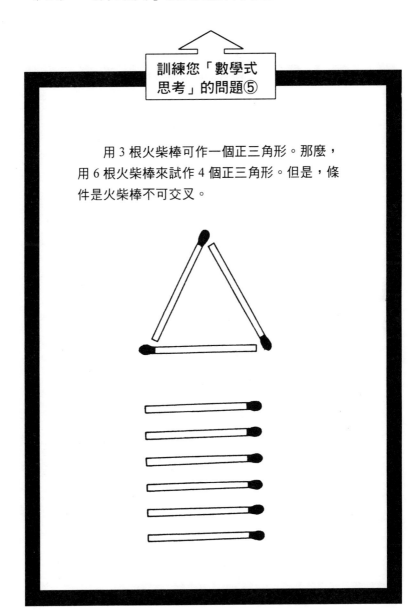

解答・解說

在桌子上放上火柴棒，東試試西試試總是效果不彰。似乎多多少少被什麼問題所牽絆住了。但是你要注意，有一點很重要，那就是題目並沒有規定一定要在平面上做。倘若說空間的三角形也可以的話，這幾乎所有的人都做得到。作個正四面體的話即可。

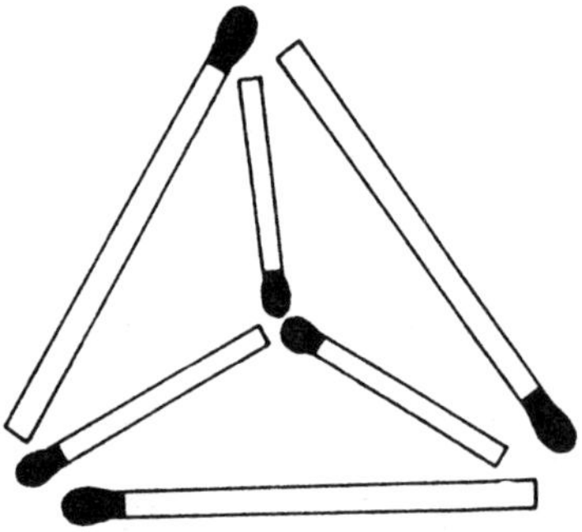

成果。日本的考題偏向記憶式考題，不論入學測驗、學校的測驗、就職考試等都一樣，我們甚至可以說，日本有一塊無法獨立創造工作的潛在土壤。

不了解也不要死背

太多學生已認定考前死記是獲得高分的好方法，所以只要前一天用功就可以了。

如果不能理解真正了解事物的重要性，腦筋就沒有發達的一天。

成績雖然好了一點，但失去的東西更多。

年輕人還會因此導致短視近利的習慣，要預防這一點是大人的責任。可惜大部份的父母比孩子還在乎成績的高低。

不在乎考試的成績，前一天也不要強記，持續養成這種習慣，就能夠保持頭腦的柔軟度。

頭腦的柔軟度對理解問題而言，極為重要。如果你現在腦筋有些僵化，就必須想辦法常保其柔軟、新鮮、隨時能應對問題的狀態。

2 能夠教別人就表示自己已經理解了

和同學一起讀書的功用

我在長野的深山就讀中學時，有許多有趣的事情。當時老師常在校值宿，有幾個學生聚在老師那兒，互相教導學習，那時候所學的東西至今還記憶深刻。如今即使只有我一個人在學習時，仍用準備教人的方法準備，這樣自己能深刻理解。

在美國，除了哈佛大學，還有許多大學皆要求學生住宿，使得集團學習的功效能充分發揮。每個人都有自己專門的領域；數學該問誰、物理誰比較厲害、電腦專家是誰等等，馬上有討論的對象，非常方便。而本來能力就很強的學生在教別人的過程中，對該領域會有更深的了解，實力將更深厚。這是一種良性循環。我的小孩組了一個天文社團，在天文教室教天文學，結果天文學越來越專精。

獨學容易造成不自覺的誤解，或者因缺乏旁人的一點暗示而無法想通。當然，每個人都應該獨立思考，但始終一個人也不行。要讓學習成為一種持續的樂趣，找到志同道合的伙伴幫助很大。

有些人認為教別人是一種損失，只要自己會就好了。這種人也不要求別人來教他，然後自以為已經理解了，卻不知道無形中自己已經有所損失。也許這是因為他們從小就是在競爭的環境中成長，但我希望大家不要將自己侷限在排名的狹窄社會中，而應看看更寬廣的世界。

在小格局中互扯後腿，一點意思也沒有，從宿舍的團體生活中，應該可以體會到互相協助的好處。

報告是很好的學習方法

擔任筆者大學時「專案討論」課程的指導教授是有名的數學家。他教導我們在上台報告時不要看教材和筆記，當時我們都覺得壓力很大。**什麼都不看地報告就和教完全不懂的人一樣，如果自己不是很懂，就沒辦法說明。**我記得當時在家演練了幾次，直到完全習慣為止，這下了不少的功夫。

在報告時若看紙張就會引起注意，這是很好的學習環境；當你和別人說話時，一定要看對方的臉說話，漸漸的，你就非得完全理解才能上台報告。

我那位老師上課時不帶書和筆記本，就能在黑板上做非常複雜的計算，而且是每一堂課。因此，我在大學授課時，也訓練自己儘量不要看東西來教。

其實這也是理所當然的事，老師都覺得看的內容學生怎麼有辦法理解，除了資料以外。

3 對一切存疑

所謂「學習」是指積極地去思考

訓練腦力的學習法，絕不是毫不懷疑書本或老師說的話而照單全收。而是透過積極性的思考，如老師或書本說的話是真的嗎？為什麼會這麼說？稍微轉換條件會怎麼樣等等，讓自己的頭腦越轉越靈活。

如果沒有養成存疑的習慣，自然會囫圇吞棗，無所助益。大學期末考時，照著教授上課所說的去作答並不算及格。當然我不敢保證是否會有老師要學生依他所教作答，通常能提出自己的見解，超越教授說法的，都會給與較高的評價。

有相信活字傾向的人要注意，書本並非因其內容完全正確才得以成書。封面漂亮和內容豐富不一定成正比，只是人本來就容易被美麗的外表所吸引而已。

如何正確閱讀報紙

我們從報紙可以學到很多東西，但一樣要去懷疑報導的真實性。

同樣報導一個事件，取材和處理的方式不同，報導出來的內容就大異其趣。大約在一年前，日本在夏威夷建設的望遠鏡架設工地現場發生火災，死傷數人。這則新聞在美國已刊載於報紙上，但沒想到日本的報紙竟未刊載這則消息，真令人吃驚。

許多人都習慣百分之百的相信報紙。其實只要仔細一想就不難理解，寫報紙的是記者，誰也不敢保證記者能從各個角度檢討、公平地報導每一個事件。

一個記者要看到事件的正反面並不是容易的事，再加上報社時間的限制，很容易刊載出片面的報導。

同一事件經由不同的報社處理，就會出現各式各樣的版本，這已是司空見慣的事。讀者不妨花一個月的時間同時閱讀幾份不同的報紙，然後比較一下，自能見真章。一旦注意到這一點，下一次只看一份報紙仍能採批判性的閱讀態度。

關於政治家召開記者會的報導，如果只是將他的話照樣登在報紙上，並沒有多大的意義。應該追蹤他的話有無矛盾之處。譬如他發表的意見和半年前所說的大相逕庭，報紙就可指出這一點，追問為什麼改變？隨便改變和選民之間的約定對嗎等等，不做這樣的報導就不能稱為好記者。有時聽聽電視上那些記者問的問題，真令人無法忍受。

遇到正式集會或遊行而不刊載，卻只報導警民衝突的部份也是莫名其妙的事。特別是在選舉時，偏頗的報導更是層出不窮。大肆渲染名候選人的奇特舉動，無異是報社的自殺行為。

由你閱讀報紙的方法，可以決定你頭腦的好壞。

電視畫面的危險陷阱

除了書本和學校以外，從收音機和電視也可以學習很多東西；同樣地，我們在看電視時，也要對畫面呈現的真實性存疑。

映像在很多時候是不真實的，那些超能力或幽浮方面的節目，有多少真實性我們無從判斷起，因為有些時候，他們甚至能騙過科學家。至於電影，我們本來就知道是不真實的，只要能達到娛樂效果就好。

電視的報導節目方面，也常因方式不同而傳遞出相當不同的印象。他們不冷靜報導事實，總愛加上各種解說或讓民眾看到各種背景，這通常是當時特定思考下編出的成品。

如果事件現場有十個人在場，也許就會出現十種不同的看法，所以希望電視報導節目不要做多餘的解釋。

如果是介絡各種想法或解釋那倒還好，但基本上看電視時，大部份腦筋是停止思考狀態，和看書差很多。

為什麼看電視無法使頭腦變好

看書的時候，腦子裡會構成各種東西，並交互作用；但是看電視的時候，腦子必須接受一個個往下走的映像，所以沒有時間將東西置於腦中組合，成為自己的東西。

讀書遇到不了解的地方可以停下來想一想再往下看，容易之處也可以快速看過，並一邊在腦中構思、想像一邊看，這些複雜的運作都能自然在腦中形成。看電視的話，看的人完全不能控制速度，映像不斷塞入腦中，非常累人。

有些介紹微小世界或宇宙迷思的節目相當不錯，但一般而言，我們無法認同看電視是訓練腦筋的好方法。

如果我們不能親自參加電視的討論會，對自己不懂之處提出問題，或者陳述自己的看法，就不能說看電視也是讓人腦筋進步的學習方法。

訓練您「數學式思考」的問題⑥

通常我們用折紙的方式來折紙鶴時，原本所使用的紙是正方形。然而，若用菱角形狀的紙是否能折成紙鶴呢？

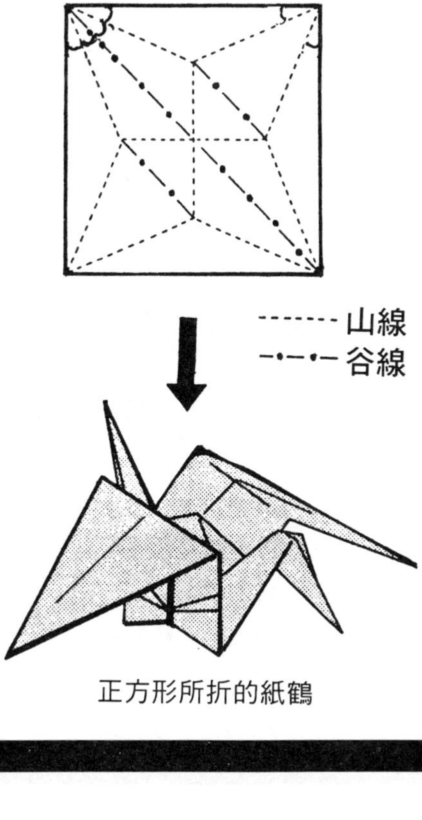

正方形所折的紙鶴

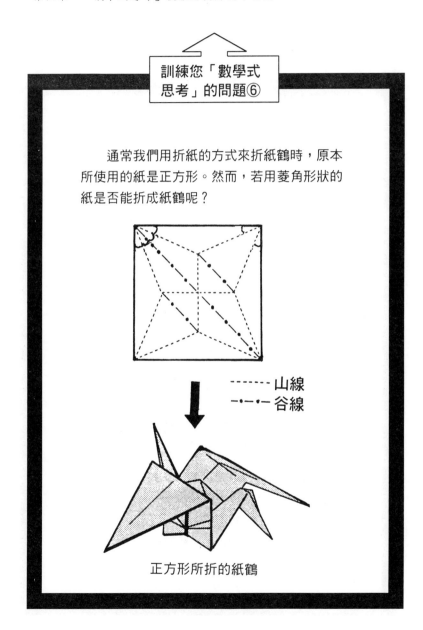

解答・解說

可能有許多人想都沒有想到那菱角形的紙也可作成紙鶴。然而，事實上這是很容易折成的，而且比正方形的紙所作出來的紙鶴更美、更優雅。鶴的形狀是依附著菱形而成的。用正方形以外形式的紙折紙鶴時，先找出正方形折紙時的基本線，接著要儘量保有其原來的性質，並依其菱角形找出折線所在，之後就比較容易完成了。

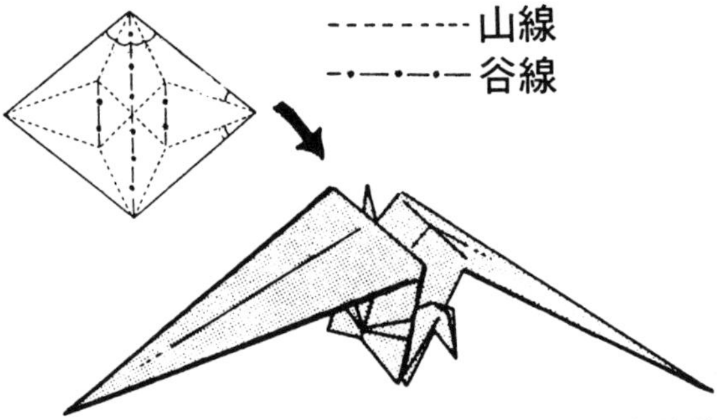

事實上，同理可證，或許紙鶴的形狀會稍稍有變形，但是就連長方形或三角形的紙亦可折出紙鶴來。

當我們要思考出一些新鮮的事物時，要先從舊有的事物中除去一些雜葉末枝，並找出一些基礎的東西，然後在新的東西上加上一些新的要素即可。而數學及科學上的一些發現，也有許多是這樣而來的。

第五章　訓練好腦筋的數學學習法

1 為什麼那麼多人看到數學就頭痛

數學和日文一樣簡單

學數學的第一要件是，打破「數學像超高障礙」般的成見。認為自己數學不好是因為腦筋不好的人，要一百八十度轉變自己的想法，將責任歸咎於老師和教育就可以了。

當你認為數學很難的時候，不管你會不會，有了這個想法，就什麼都不會；相反的，如果你深信「慢慢學一定會」的道理，一定可以很快理解。

除了數學以外，當你面對其他困難時也一樣，你應該採取打敗對方而不要讓對方吃掉的政策。這也可以說是有自信。

這種自信並非三兩天就能培養的，剛開始先設定自己能力能達成的目標去達成，接著再設定困難一點的目標，在不斷反覆的練習中，自然產生了自信心。

在同一環境下，誰都會數學

無論如何都沒有自信的人，如果遇到好老師、接觸到優良的讀物、接受好的教育、體會到好的學習方法，並深信自己終能學好數學，那就很完美了。

但是，無法遇到這麼好的環境的人又怎麼辦呢？只能將希望寄託在「今後」了。**從今以後我要找好老師、好書，接受好的教育，透過好的學習方法來學數學，這樣一定能學好數學**。只有靠自己去創造好的學習環境了。

數學能力並非天生，也不是父母的基因遺傳來的。父親是數學天才的人，自己並不見得就懂數學。

得過數學諾貝爾獎—菲爾茲獎的人，很少有父母是數學家的。英語也一樣，如果我們出生在以英語為母語的國家，就不用這麼辛苦的學英文了。能力並非與生俱來，而是靠環境和教育來培養。

文科的學生都認為自己學不好數學

筆者任教於經濟系已有二十年了，每年都有數百名學生選修數學課程。這些學生數學並不好。本來我以為經濟學要用到數學的地方很多，學生的數學程度應該都不錯，然而事實並非如此。每年四月新生入學後，我都會問他們對數學的看法，結果大部份的答案都是「數學我不行」、「我不喜歡數學」等等。

那麼，為什麼有那麼多人仍選修這個科目呢？原因是，因為數學很差不想念理科系，所以選擇經濟系；在聽過一些輔導後，得知念經濟必須懂數學，只好選修了。

如何讓這些看到數學就頭痛的學生去除恐懼意識，是最重要的。針對那些數學不好的學生，首先我在四月初上課時，先解除他們的數學恐懼症，激發他們持續一年來學數學的慾望。

至於有無特效藥來治療此恐懼症，我不敢說我用的是什麼特效藥。我會在第一堂課對學生說，**數學不好不是你們的責任，而是小學、國中及高中老師們的責任。**

許多自認為數學差是因為自己沒有能力的學生，在聽到這句話後似乎很安心；也有人想到是因為老師教法差，就自然產生一股學習的熱情。

無聊的教法導致數學變差

在中小學的教育中，能培養學生能力的老師，是什麼樣的老師呢？

在中小學的老師之中，有幾個人能抱著「數學就是這麼有趣」、「數學就是那麼簡單」的態度來教導學生呢？有幾個老師能鼓勵學生「你看，你那麼懂數學」呢？並且去了解學生不懂的地方，給與適當的指導？

能遇到這種老師的機率實在太小了。**大部份的老師都是「翻到ｘｘ頁，讀一次」，然後稍微說明一下，再叫學生做習題罷了。**

什麼樣的老師最差勁？就是那種照本宣科，給學生做做參考書的題目，只關心學生能多快速而正確的解題，而完全沒想到應該教導學生數學的樂趣、數學是多麼容易的老師。

更遜的老師，是那種完全不知道自己教法有問題，把一切責任歸咎於學生腦筋不好、不用功的老師。

只要使學生想起這十二年（小學、國中、高中）是讓這種老師摧殘過來的，他們就能接受「數學不好不是你們的責任」這種想法。

教具能提高學習興致

好像批評老師有點過了火。當然，並非所有的老師都如前述的那樣。筆者認識的幾位老師就相當不錯。他們腋下夾著教科書，手上拿著自己做的教具進教室。做的好不好是另一回事，但看得出是下功夫做出來的。學生在使用這些教具遊戲的過程中，自然就學會數學了。

有時候也叫學生自己做教具，自己做的東西較有親切感，學習效果比較好。

此外，也藉此讓學生累積豐富經驗，在培養製作道具的能力時，也同時增強數學的功力。有老師讓學生透過電動玩具來學習，這是一個很好的主意。學生在玩電動的過程中學到了數學的概念。

也有利用電腦做些遊戲讓學生們樂在其中，當然比起一些品質差的遊戲軟體，更具知性與樂趣。利用電腦的卡通遊戲教導學生關於函數變化的老師也有。光在那兒練習計算題，的確很無聊，透過電玩理解概念，熟悉計算是很棒的辦法，但是，沒辦法持續這麼做。

讓學生感到痛苦的教育不是真教育。能使學生輕鬆快樂的學習才是了不起！當然，每個小時都讓學生這樣「玩」，教育也不完整。偶爾這麼做，就能使學生親近數學，從數學恐懼中得到釋放。

日本的教育體制造成「數學恐懼」

對數學抱著希望，想要好好學的人，最好再了解一下另一個讓自己恐懼數學的原因。那就是日本的教育體制。

日本的文部省規定了一套「學習指導要領」。凡在日本國內，不論那個區域、那個學校，只要是同一學年，文部省規定，就要使用相同內容的教材。

美國或英國等國家根本就沒有這樣的規定，他們尊重各區域特殊性的立場，也充分運用在教育制度上。

日本這種屬於中央集權的地方太多了，雖然美國面積很大，但是各州的權限很大。英國和日本大小差不多，然而，地方分權的觀念卻強得多。

如果一定要統一全國的教育內容，應該粗略定個方針就夠了吧！但是政府卻管到細節的部份，而且內容還包含那些教育界都有異論的部份。

文部省訂定指導要領通常十年改訂一次，每次修改也沒說明理由，恣意增刪內容，而全國的師生們只能默默接受改訂成果，是一個馬馬虎虎的結果。

在沒有對過去方針的優缺點做反省或檢討前，下一個十年方針又出爐了。沒歸納總結就能產生新方針真是令人驚訝的事。從不籌畫讓老師和學生發表意見，再依那些意見來做修定。更令人受不了的是，和這種指導要領相關連的「教科書檢定制度」。

教科書只不過是教材的一小部份而已，這一小部份還必須經過國家檢定許可才能使用，實在不是民主主義國家該做的事情。如果說是因為怕教材有錯，誤人子弟才實施檢定，那才真是大錯特錯。

在數學的教科書中，除了印刷的錯誤外，檢定後的教科書中，還不是出現一些最基本的錯誤。

英國、美國都沒有教科書檢定制定。由許多老師參加編纂的教科書廣泛地被使用。美國高中生用的教科書大致都很厚，是日本的好幾倍，內容包容各種小插曲、圖片、插圖。

當然價格自然比較高，通常學生個人不買，而是由學校準備，學生借來使用。學長用過的教科書大概都是用過好幾年的。學生自然也可以自行訂購，但沒有學生這麼做。

筆者參加高等學校的數學教科書編輯已有二十多年了，內容被指定外，份量也被限制，很難製作出易懂的教材。

因此，在日本，光靠教科書是無法理解數學的。和外國比起來，在較差的條件下學習、成長的學生，自然對數學一竅不通了。

但是，**光知道這些惡劣的條件，及教育和老師的責任，並不能改善你的數學能力**。如何克服惡劣條件才是重點。

讀者大概想知道，「脫離惡劣條件的學習方法」、「輕鬆學數學的方法」、「了解數學的學習方法」、「增加數學實力的方法」等等，這不是不可能，以下幾章就為你們介紹幾個具體的方法。

2 迂迴學習法

從喜歡的地方開始學數學

所謂迂迴繞路就是不通過混雜的街道，利用捷徑快速到達目的地的規則，這樣就不需通過市中心，等一個個的紅綠燈。

數學也是一樣，不需要為了學習某個領域，而去復習國中或高中的數學。

一般的想法認為學習數學一定要一步一步，循序漸進才能學好，這是相當錯誤的觀念。希望大家在腦子裡植入一個觀念，那就是，數學不是一直線。

有些社會人士和上班族想學數學時，就去買高中時用的教科書，因為他們認為高中數學已經忘記了，這是很沒意義的做法。

教科書本來就不適合自己一個人閱讀學習，所以把國、高中的數學放在一旁，利用迂迴學習法來學新的數學就可以了，不需要多花時間去學那些用不到的部份。

不學「數與式」也能理解二次函數

需要什麼數學，就學那一部份的數學。在三省堂議論製作高中教科書的問題時，討論到**在剛進高中時，學「數與式」是理所當然的，但學生卻一點興趣都沒有，結果使之成為「厭惡數學」的一大原因。**

因此大家認為要學二次函數並不需要先學一般的數與式，而將它編列在最後的部份。當時現場的高中老師不太贊成這個結果，令人意外的是文部省認為這麼做很好，並要大家加油。

這些高中老師過於保守，不想嘗試新教材，因為用熟悉的教材比較輕鬆。但是我認為，不管是小學、國中或高中的老師，都應該保持學習新事物的心態。

在上一次的指導要領修訂會中，我們的想法意外地被接受，「數與式」的部份從高中生必須的「數學I」中被刪除了。

現在許多高中老師都能理解「不教數與式也能教二次函數」，並確實去實行。

不會小學的算術也能解微積分

想學微積分或忘了微積分想再回復一下記憶的人，如果不記得小學的算術，就沒辦法著手嗎？

許多人都認為不會小學的數學就無法理解微積分，從各方面來看，這都是錯誤的想法；我不知小學所學的那些算術有多少在後來可以派得上用場。

像 32.5÷0.87 這種麻煩的算術，許多大人也未必計算得出來。

筆者個人也很怕計算。一旦了解計算的意義和順序，對實際的計算就不太有興趣了。記得自己就曾因不愛計算而無法像朋友那樣計算得迅速確實。

我兒子在就讀了二年英國的小學後，剛回到日本時，算術的成績不太好，但是我一點也擔心，因為我知道他對原理有相當程度的理解。

即使不會這些麻煩的算術，對學習微積分也不致於造成什麼障礙，打開微積分的書，很少看到這些麻煩的除法。

那麼，學習微積分需要的是什麼？首先，一定要理解的是，微分後能得到的是什麼樣性質的函數。

一般而言，微分後所得的函數代表原函數的變化率。理解微分的意義是相當重要的，有了概念，即使不會小數的除法也無妨礙。

如此一來，無論原本怕數學的高中生、大學生或社會人士，都能夠毫不躊躇地踏入微積分的領域。

但是，坊間有些微積分的書中仍有麻煩的數值計算，大部份是較舊的書，不要去購買，新版的書將數值計算交給電腦。

雖然學微積分不需小數或分數的計算，但許多高中的微積分題目，仍然加了這些練習題。遇到這種情形，完全不用理會它，或者利用電腦計算就可以了。

中學生就能學習線形代數

線形代數不光是用於自然科學，也廣泛用於統計、經濟等社會科學方面，而且比微積分易學。

線形代數是關於向量、行列方面的數學，除了理工科以外，經濟系等文科系也常要用到線形代數，特別是統計學要將龐大的數據資料歸納整理成有系統的表，更是不可或缺的工具。

在處理向量或行列時，必須同時計算許多數的四則；向量的計算包括將兩個數加減乘除再歸納成組，行列則再將向量歸納成組的數學，是各種演算的表現。

所謂「線形」是指正比例或一次式，從原理上來講並不困難。線形代數的基本對象為一次式，並未處理三角函數、指數函數及對數函數等，甚至不需處理三次函數和二次函數。學習線形代數不需任何準備。

換句話說，不管是高中時沒學過的人，或者在大學時沒有機會學線形的社會人士和上班族，都可以馬上進入狀況。或許有人擔心學習過程要面對麻煩的數值計算，這一點和微積分可採相同的處理方式，即用電腦計算。

在後面我們將討論如何活用電腦學數學，這裡要先聲明一點，線形代數雖然只是加減乘除的計算，但是再怎麼說數字還是很繁瑣，計算兩個4行4列的行列是相當令人疲倦的，或許會讓計算者覺得自己像一部機器。

人應做的事是用腦的工作，像這種計算的工作，只要知道原理就好，其他交給電腦就可以了。近年來數學的軟體相當發達，不論是幾十行的行列也能立刻計算出來。中學生也能學線形代數使得世界更具真實性，我常跟大學新生說，像下列這本書，中學生也能讀：

☆小林道正著「Mathematica による線形代數」朝倉書店

3 讀書的技巧和聽話的方式

不懂證明也無所謂

在許多的數學錯誤學習法中，有一個觀念就是「不懂證明就不懂定理、不會用定理」；用一般的說法來解釋就是「某一處碰到障礙就無法前進」。

在閱讀數學或物理的書籍時，的確會發生因不理解某個部份，而無法往下看的問題；但許多人一定也有過這樣的經驗：「原來如此，跳過不懂的地方一樣可以理解。」執著於不懂的地方是很糟糕的習慣，完美主義不適用於學習數學，因此，必須早日摒棄這種思考方法，並在腦中建立新的想法，那就是，數學課本中的說明或定理的證明，本來就可能寫得不是那麼淺顯易懂。

當然，寫書的人要負一些責任。所謂的「證明」是論證某事實的成立，站在形式邏輯的立場來說明某事實正確無誤的成立。

因此，理解證明並不表示已經理解該定理的內涵或新概念；我們甚至可以說，知道證明卻不知該定理意義的情形比較多。

所以，大家應該已能了解，即使不懂證明也能學習數學、使用數學。那麼，為什麼數學老師還要拼命證明給同學看呢？

當然，證明也有它本身重要的意義存在，許多老師認為證明給學生看才具有說服力；但是，也有些老師教數學只為謀生，或者不理解教育需要的並不是那些形式上的證明。

不管證明，理解概念

學習數學的重點不是在理解形式上的證明，而是在於各種概念。例如，某函數微分後所求得的導函數代表什麼意義，和原函數之間有什麼關係等等，都應該徹底了解。

函數代表自然現象和社會現象的法則，透過微分所求得的導函數，可以得到代表變化程度的新法則。

相反的計算稱為積分，加速度積分後變成速度，速度積分後可以得到代表「位置」的函數，這些道理最好都能了解。**站在應用數學的立場，理解概念和意義比證明重要得多**。廣泛的積分可稱為微分方程式；函數是用來解未知的方程式；所謂解微分方程式是指從某個量的變化率中，導出量本身的法則；或者我們可以說，微分方程式代表局部的法則，透過解微分方程式可以得到整體的法則。

了解這些重要的概念後，你就不需要在剛學微分時，就被不了解「連續函數的累積是連續函數」這種證明題所苦，像這種基礎定理的證明，事後有興趣時，再拿起來看一看就可以了，沒興趣的話，不看也罷；就算之後不能完全理解也不必在意，知道大略的程序就足夠了。

當然，以數學為本業的人或想研究理論物理和數理經濟學的人就不一樣了。在製作數學的定理時，一定要證明它是正確的，而且必須具備形式邏輯的基礎來展開邏輯推理。為此，這些特殊人才必須具備證明的能力。

概念的理解靠例子

即使不管證明的問題，許多定理也有讓人摸不透的時候，那麼，應該怎麼做才能解決問題呢？這時候你可以試著找些例子。

不要管什麼抽象論、一般論，學習新事物最重要的是透過具體實例，這不僅限於數學方面，所有的範疇都是一樣的。絕對不要因為不懂一般論而覺得害怕。

如果能經由典型的好例子來理解數學，一旦了解例子就等於了解一般論了。說出「我不懂，請舉實例說明」這句話一點也不可恥，只要是對方熟悉的內容，他一定樂意舉出恰當的例子。

不過，碰到對方自己都不太了解的時候，當然舉不出淺顯易懂的實例，透過你的要求，正好可以試試對方是否真的了解。

書本的情形也是一樣，好的教育書籍一定有很多典型的好例子。滿是定義、定理的數學教材不但難懂，更不能發揮教育功能。經濟學方面的書籍如果都是數式而沒有舉出經濟現象的例子，對初學者而言都是相當困難的。

不管是數學或經濟學的書，如果能一邊自己做具體的例子，一邊讀的話是最好不過了。我們甚至可以說，即使好像已理解抽象的一般論，但如果做不出具體的例子就不算真的了解。

透過對圖片的印象有助於理解

光有數式的書很難理解，好書一定附帶許多淺顯易懂的圖片。當然，有些時候也會遇到不易理解的圖片，但一般而言，看圖比閱讀本文容易。

站在著書者的立場，插入圖片比較麻煩，所以自然使得圖片變少，但若站在讀者的立場，則插入圖片是不可或缺的。

初學者比較無法從數式想像圖樣，數學好的人憑印象在腦中繪圖的能力很強，那是不是數學差的人就無法在腦中繪圖，畫線條、圖形呢？

三角函數的定義方面，如左圖一〇六頁所示，單位圓上P點移動，在t角度下，點P的X座標是 cos t，y座標是 sin t，學習者能不能在腦中畫出點P這個圓的圖案，是相差甚多的。

要怎麼做才能具備這種能力呢？同樣聽相同內容的話或說明，為什麼有人能自然在腦中浮出印象，有人卻一片空白呢？這還是得歸咎於教育的結果。

一般而言，從出生後到當時為止的經驗是一個基礎。看過纜車和連照片也沒看過的人比起來，對圓上P點移動的想像能力就會產生差別。換句話說，豐富的經驗能使人腦筋變好；但是，光有各式各樣的經驗還是不夠。

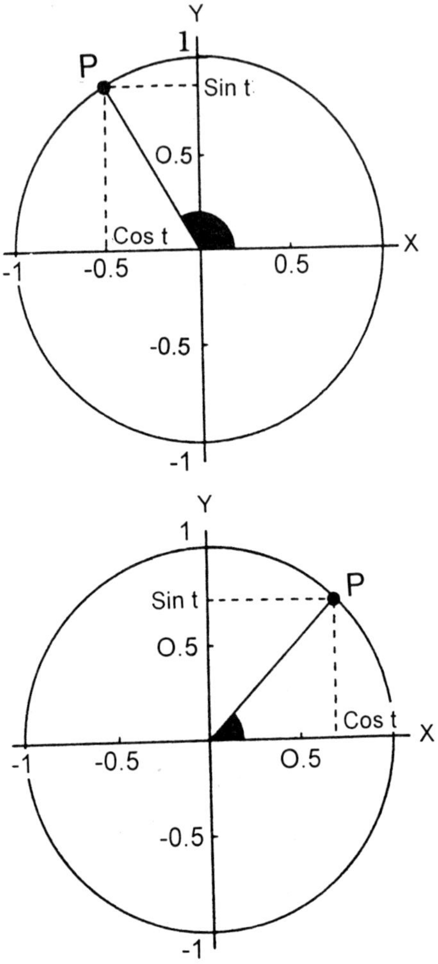

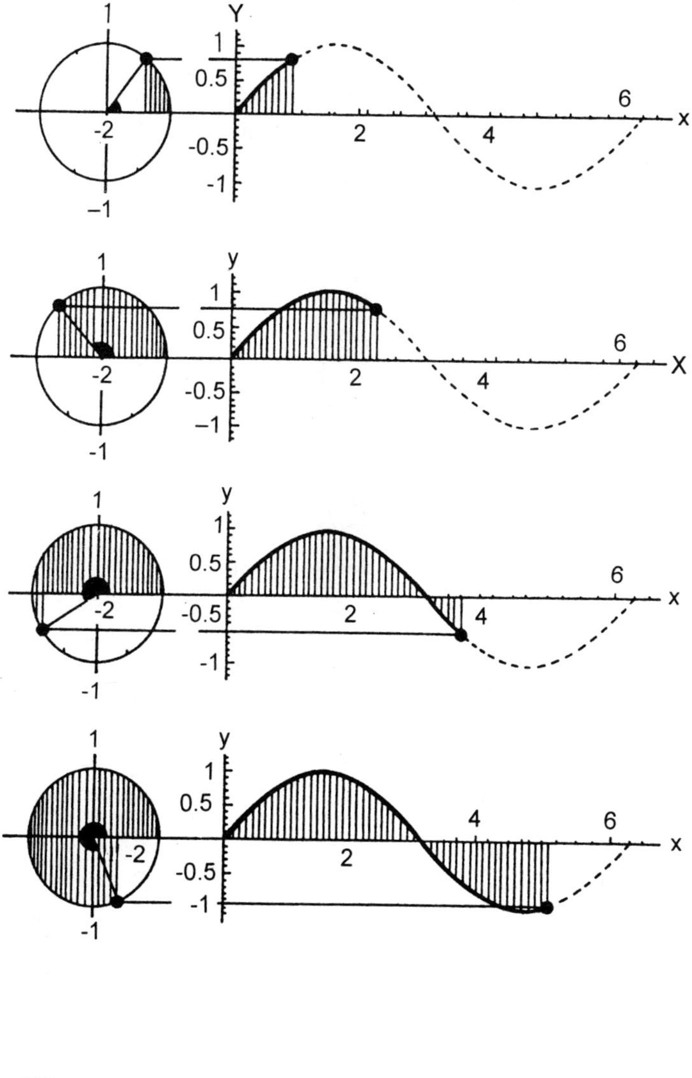
1
Y
1
0.5
-2
-0.5
-1
-1
2
4
6
x
y
X

利用經驗來將印象繪入腦中，這一點需要相當的教育。因此，教育是很重要的。不論在家裡或學校，培養孩子豐富的想像力，是父母和老師的責任，問題就在於太多人注意到這個重要性。

以剛剛 y=Sin t 的例子來說，思考這個圖如何作出的原理是很重要的。只要將在單位圓上移動時的高度平行移動就可以了。這也是透過生動的圖片說明比較好，一〇七只畫了四個圖形，串連起來就可以了解座標周期性的變化。

有意識的養成在紙上或腦中繪圖的習慣

一直以來沒有接受良好教育，缺乏豐富想像力的人怎麼辦呢？光感嘆環境不好、老師，父母不好也不是辦法。讀此書的朋友已能理解這種能力的重要性，算是幸運的了。今後自己一定要養成在腦中畫圖、思考事情的習慣。

在用腦思考事情時，偶爾也會發呆；如果能夠有意識的去訓練自己在腦中作圖的習慣，將有相當大的助益。

第六章

以知性的好奇心學習文化數學

1 數學的歷史即人類的歷史

數學史（記數法）和文化史同時起步

大概有人會說，在這個忙碌的時代無暇聽數學的歷史。**太忙的時候，人確實無法做知性的思考。學習也是一種腦力運作，如果頭腦不能運轉，一定要休息。這時候，瀏覽歷史是一種很好的刺激。**我們認為理所當然，已經用了很久的十進位記數法，也是經過長久的歷史而發明的優良方法。

在埃及本來就有十進位法，但是每個位子都分別用不同的記號，這是因為埃及人沒有「零」的概念。「零」在馬雅文明中被使用，而傳至歐洲的則是印度的「零」。活用零的概念，相同的數字置於不同的位置卻很容易區別，是五百的5，還是五千的5，我們一目了然。相當經濟優良的辦法。

訓練您「數學式思考」的問題⑦

用來表示書的大小尺寸或影印紙大小的尺寸有Ｂ４、Ｂ５、Ａ４、Ａ３等。這些尺寸雖然不是金塊形的長方形尺寸，但是其長寬比例卻是呈一定的數值。

將Ｂ４裁一半就是Ｂ５的尺寸，而將Ａ３裁一半便成了Ａ４的尺寸。這些情形均相類似，由於長寬的長度比例是相同的，所以讓我們來算看看此比例值到底是多少？

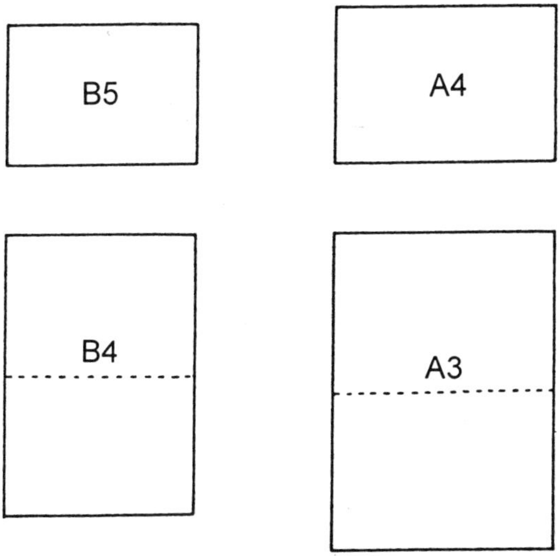

解答・解說

將小的長方形之短的一邊當作 1，將長的一邊當作χ時，此時大的長方形之短的一邊便成了χ，而長的一邊便成了 2。由於小長方形的短邊與長邊的比是 $1:\chi$，等於大長方形之短邊與長邊的比$\chi:2$，因此，以下的公式是成立的。

$$1:\chi=\chi:2$$

若以分數來表示的話，就是 $\frac{1}{\chi}=\frac{\chi}{2}$，改變一下形式就是$\chi^2=2$。也就是說，$\chi=\pm\sqrt{2}$。因此，我們可以了解到，影印紙的長寬比是 $1:\sqrt{2}$。

可是，最近便利商店中所使用影印機一般都具有放大的功能（有的還可以彩色影印）。而將原稿為 B5 的尺寸放大為 B4 時，我們可得知將其放大 $\sqrt{2}$ 倍，也就是 1.41 即可。因此，有的影印機當您將 A4 放大為 A3 時就會出現 1.41 倍這樣的數字。一邊放大為 1.41 倍時，面積就會擴大為 2 倍。

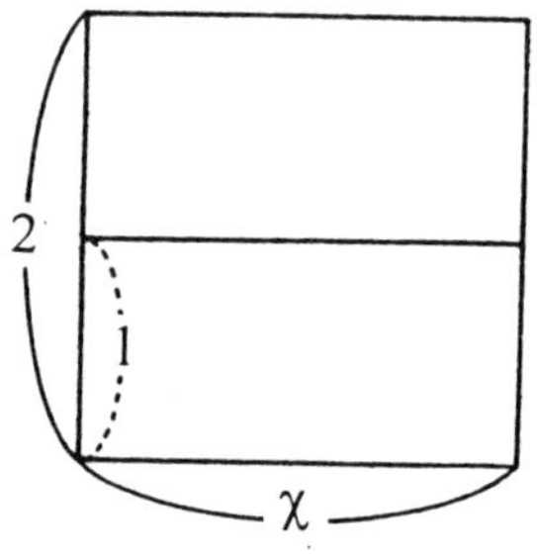

了解黃金長方形之美

如果一個人忙到學習美的事物都覺得無聊的話，絕對不是一件好事。像「美的長方形」，黃金分割、黃金比、黃金長方形等有趣的東西很多。

古埃及帝王的墳墓設計就是黃金長方形的範例，金字塔的縱橫比即黃金比，希望的神殿也是利用黃金比來建造，這些相信大家都已知曉。

中世的繪畫、現代的美術等也常利用黃金比。

舉一個日常生活的例子，香煙盒幾乎都是黃金長方形，電腦的數學軟體圖也常是黃金長方形。

黃金長方形

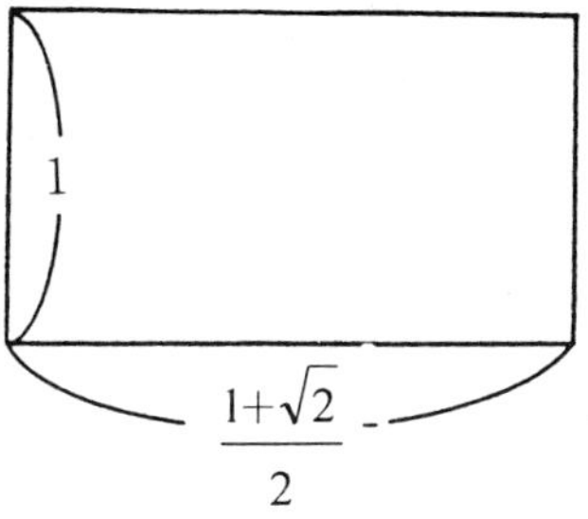

香煙盒

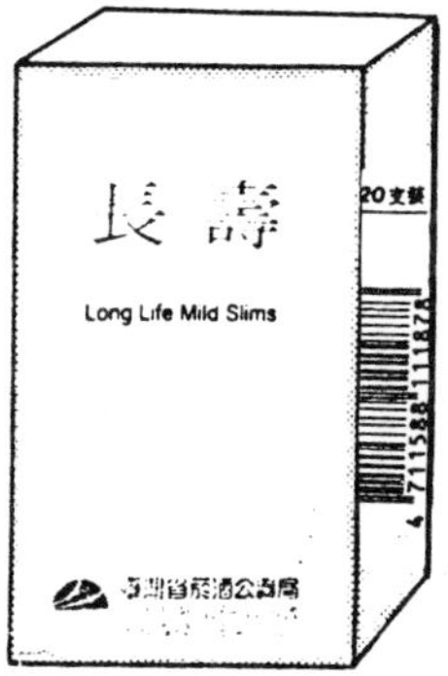

古代希臘的數學充滿知性的好奇心

數學中有因為農業的發展而製作的部份，也有因戰爭而作出來的部份。同時，我們也不能忽略因古希臘的求知慾而發展出的部份。

當我得知在古早以前，人類就因為要測土地的面積而懂得從三角形的三邊長來求面積時，非常的驚訝！

$$s=\sqrt{s(s-a)(s-b)(s-c)}$$

但是，a、b、c 是三角形三邊的長，而 s 是三邊總長的一半。

【計算例】

A 先生擁有如圖所示的田地。請用之前的希羅（紀元三世紀的希臘數學家）公式求出此田地的面積。

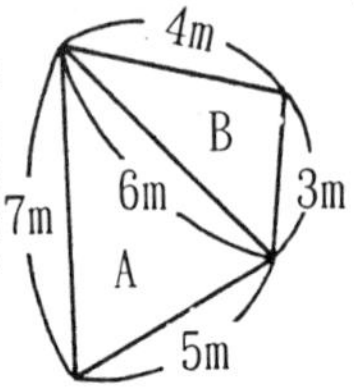

【解答・解說】

四邊形分成二個三角形 A、B，各自代入希羅公式。關於 A 的部分，因為 S 是三邊總長的一半，所以 S＝(5+6+7)／2=9，而面積如下：

$$S=\sqrt{9\times(9-5)\times(9-6)\times(9-7)}$$

而關於 B，則同樣的，

$$S=\sqrt{6.5\times(6.5-3)\times(6.5-4)\times(6.5-6)}$$

這塊田地的面積是 A、B 面積的和，故其次使用數表或個人個電腦來算出它的值。

要証明希羅公式有些困難，但其結果容易使用。像這類公式十分方便，要多加利用。

雖然死背公式來使用，並不算是真正的學習數學，但如果因為不知如何証明就不用，那也會造成困擾。

畢氏定理是偉大的發現，阿基米德幾何學原來也很偉大。與其在學到高中數學A的平面幾何學之處半途而廢，還不如分別讓學生讀20頁的幾何學，輪流報告說明，反而能夠提升學習的興趣。

訓練您「數學式思考」的問題⑧

所謂的畢氏定理（三平方定理）是指直角三角形的三個邊 a、b、c 之間可形成以下的關係。

$$a^2=b^2+c^2$$

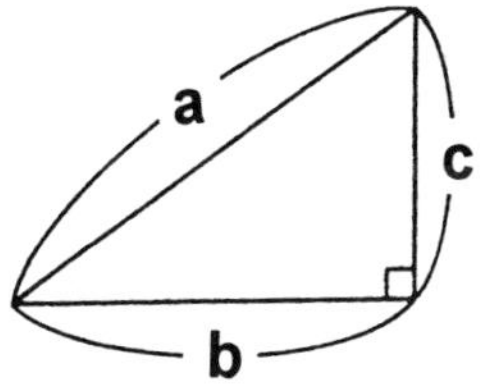

a^2 是表示對直角的邊上所作成之正方形的面積。b^2、c^2 是表示其他邊上所作成的正方形的面積。

將 2 個小正方形切好，接著藉由大的正方形之作成來確認看看畢氏定理是否成立。

解答・解說

切的方式雖然很多，讓我們依圖所示來切切看即可。證明畢氏定理的方式有很多。有愛因斯坦想出來的原理，也有美國總統想出來的原理。在學校所使用的教科書當中，許多都是採用牛頓的幾何學原來的說法。但是，並不是每一個都很簡單。或許，有的人會因為嘗試上述的作法，將兩個正方形剪開，然後貼貼看之後才懂的。

在此，我們來介紹比較簡易的證明方式。

在圖面上，兩個小的三角形和大的三角形是相類似的。由於其類似比例是 $b:c:a$，因此面積的比例便是 $b^2:c^2:a^2$。將比值置上 k 時，三角形的面積就是 b^2k、c^2k、a^2k。因為小的兩個三角形的面積總和等於大的三角形的面積，所以下面的公式成立。

$b^2k+c^2k+a^2k$。

兩邊用 k 來除的話，便可求得結果。

[解答1]

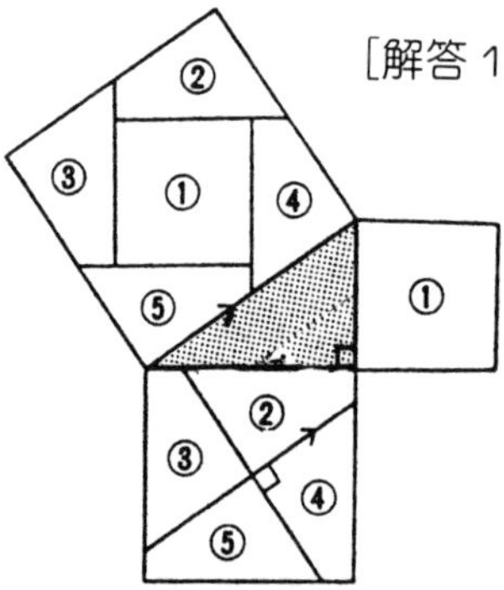

[解答2]

$b^2k+c^2k=a^2k$

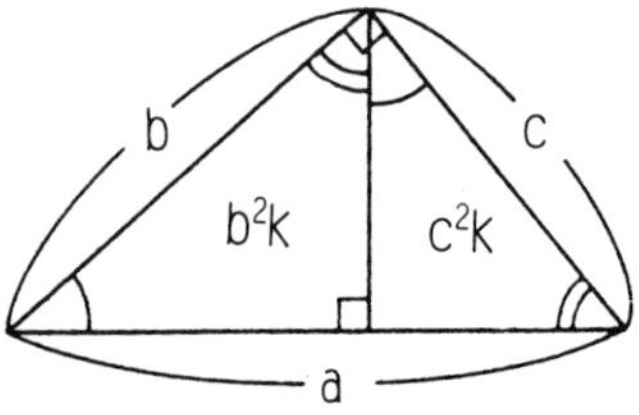

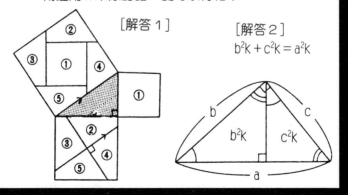

新數學是過去研究的累積

在希臘時代，代數和幾何是分開的，使用代數之新解析幾何的完成是一件大事，連圓錐曲線論（依切法的不同，可將圓錐依各種平面切成橢圓、拋物線及雙曲線）也能用代數來處理。

從那以後，曲線、曲面和方程式的關係成為數學的一大範疇，在高中、大學數學課程中占極大的比重。

此外，微積分的發現也是一項大創舉，從那以後，大部份的數學都與微積分有關。

牛頓在發明微積分之前已詳細調查過希臘時代的數學、切線方面的研究及區分求積的想法，然後才完成微積分。

所謂的天才，是能充分研究過去，並以其為基礎來拓展新的知識領域。

2 廣被討論之無限和連續的概念

阿奇里斯和烏龜的故事是真理嗎

自古以來，無限和連續的概念一直是大家討論的話題；相信許多人都知道阿奇里斯和烏龜的故事吧!?**阿奇里斯是健步如飛的代表，烏龜則代表牛步之人；烏龜先出發後，阿奇里斯才開始追，實際上烏龜一下子就讓阿奇里斯趕上了，但是，就觀念而言，阿奇里斯永遠追不過烏龜。**

如何來思考追不過的問題呢?當阿奇里斯追到烏龜所在之處時，烏龜已經又前進了一點點，這種情形不斷地反覆，永遠沒有結果，因此阿奇里斯無法追過烏龜。

這些說明看似簡單，事實上，能夠這樣有條理地分析歸納並說明的人並不多。如果沒有搞清楚運動和時間、位置有關係、在有限的時間中有無限時刻的階段，就沒有辦法提出具說服力的說明。

我們可以這麼想：時間連續的前進，阿奇里斯和烏龜也分別依自己的步調前進；在某一時刻，阿奇里斯將超越烏龜，在追過之前的這一時刻可被無限細分。

換句話說，當阿奇里斯到達烏龜所在之處的那一剎那，烏龜又前進了一些，這就是「無限時刻」的想法。

也許有人還是無法完全了解。我們也可以說，有限的時間中包含著無限的時刻。更進一步來說，於某時刻位於某地點的說法，是運動在停止狀態的表現，並不能表達出運動之整體。

瞬間速度的「瞬間」是指什麼

所謂瞬間速度，是指在短時間內的平均速度中，將這一短暫時間無限分割時的「極限值」。在微積分中，一定要考慮到這個「無限分割」的想法。牛頓和萊布尼茲一定也為此問題煩惱過。

的確，「平均速度」等於「距離」除以「時間」，從在平均速度所花的時間變短時，距離也變小這個地方開始衍生出問題。所謂「瞬間」是時間變成零，這時候，距離也變成零，結果就是「零除以零」。

在學校中可以討論這個問題，相當有趣。不論多少，一定還留有一點點，那不就永遠無法達到「瞬間」了嗎？

連馬克斯也頭痛的「零除以零」

寫『資本論』的馬克斯也曾寫過「微分的基礎」，很可能是因為他計畫將數學活用於資本論中，但後來沒有實現。

他對瞬間速度抱持著什麼樣的看法呢？在追求瞬間速度時，不能一開始就將時間歸於零的位置；時間歸於零的過程相當重要，此過程的凝縮以微分dx、dy來表示。

從『量』的觀點來看似乎是零，但是$\frac{dy}{dx}$卻不是零除以零，這就是馬克斯的想法。

訓練您「數學式思考」的問題⑨

將圓椎以平面的方式來剪裁時，依其剪裁方式之不同可剪成橢圓、雙曲線、及拋物線。那我們要怎麼剪才可得到那些曲線呢？

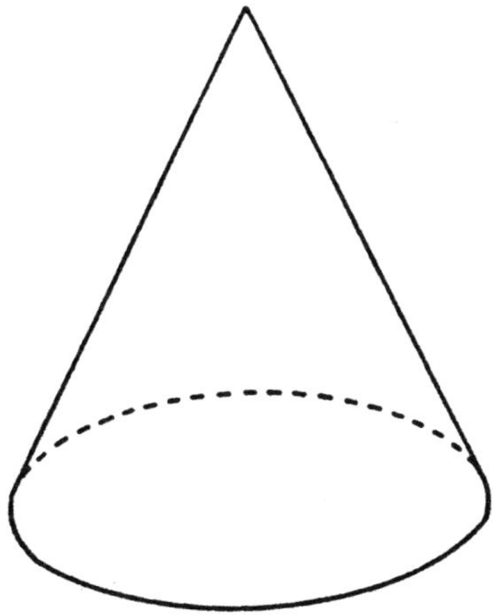

解答・解說

關於考慮到有關立體圖形的問題方面，由於圖是畫在平面上，所以較難理解。作個實際的橢圓，好好地來觀察、實際地剪看看即可。

答案是，當作出與母線平行的平面時即成拋物線，從拋物線處躺的平面上來剪就成了橢圓，從母線處接近垂直的平面上來剪，便成了雙曲線。

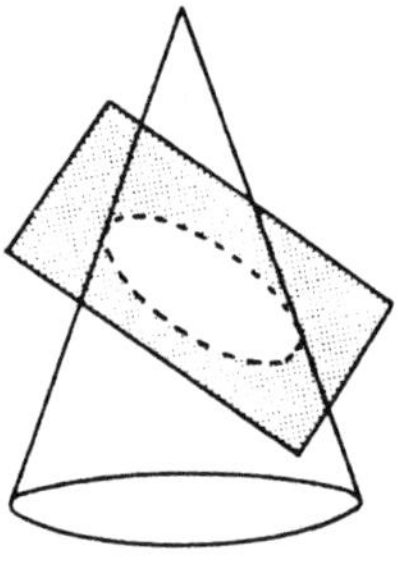

圖1　橢圓

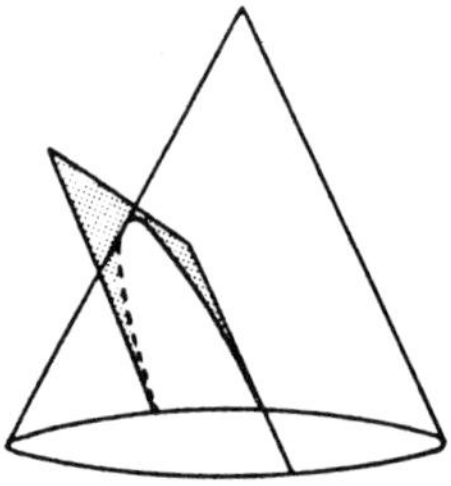

圖2　拋物線

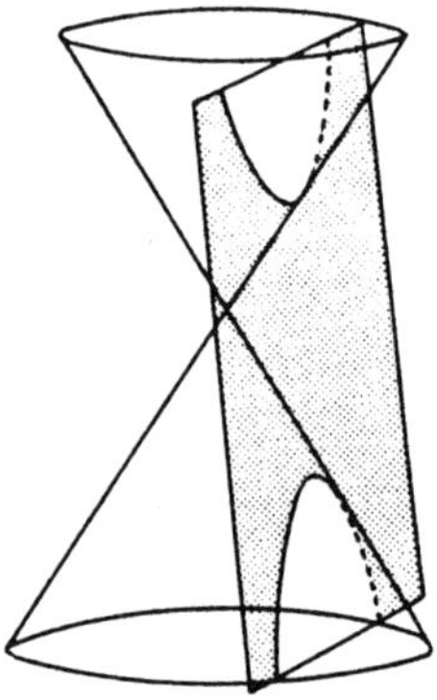

圖3　雙曲線

第七章
如何活用電腦於數學中

1 電算會妨礙數學的學習嗎

使用電腦‧電算的時代

近年來家庭中使用的電腦越來越進步了，記得十多年前用的電腦沒有硬碟，記憶方面全都靠錄音機。我們可以感受到人類生活的大幅度改變，比以前的產業革命變化更大。

從前計算用的是算盤，比起用心算來得快；現在仍有人用算盤，如果是純粹的加減乘除，那麼，算盤高手可能勝過打鍵盤、入電腦的人。然而，若涉及科學技術的複雜計算，自然電腦一定快得多，況且要訓練一個算盤高手並不容易，**因此，算盤的時代已經過去了，現在已經是靠電腦計算的時代了**。

如果暫不提電腦，現在廣為大家討論的是，如何在教育中使用電子計算機。有一派人主張利用電算來計算問題，將使學生喪失能力。

然而，我卻認為這只是用法的問題而已。在英國有許多中學讓全體學生購買電算。因為，學校認為不利用文明的利器來計算複雜的數字是很可惜的事。

學習數學及數學教育的目的究竟是什麼？**如果學習數學是為了用手算複雜的問題，電算確實會成為妨礙；但是，學數學根本就不是為了會計算。**

我在英國待了二年，了解英國人的想法後，再比照日本的想法，差異實在太大了。有時候我覺得日本的孩子計算速度驚人，但卻不理解數學真正的涵意。

在與其他國家的數學教育相互比較時，發現日本的小孩雖然能做計算題，卻對應用題感到頭痛。在教育小孩的時候，老師應該告訴學生要理解概念、意義及處理方法。

學數學不是為了要快速計算

關於學數學的目的在於概念和原理的理解這一點，我們舉個例子來說明。

「二位整數乘上二位整數」的含意是什麼。首先，它意味著乘法的計算；二個量相乘時會得出什麼量是很重要的，在考慮乘法的意義時，完全不需考慮到二位數或幾位數，只要理解什麼時候需要用到就可以了。例如「製造一輛車子要四個輪胎，那麼，六輛車要幾個輪胎」之類的事情，要用剩乘法。

接著試著去找二位整數相乘時的計算方法，並理解就夠了。快速正確的計算不是數學教育的目的。在學習計算的原理和意義時，大概沒有人使用電算吧！因為電算或電腦無法教我們這些。**但是，若能了解意義和原理，簡單的計算用手算，複雜的部份借助電腦，也完全沒有什麼負面的影響。**

希望大家能讓小孩子從複雜、單調的計算練習中解放出來。在磨練各種能力的階段，機械式的訓練只會阻礙能力的伸展。隨著電腦和電算等工具的發達，大家應該重新思考數學及其他學科的教育意義；換句話說，透過討論來理解原理和意義的教育目的，越來越顯著了。

影響數學的學習態度或教育的方法最深，的是學校的考試及升學測驗。在舉行測驗時應該讓學生帶電算。

在美國大學入學採聯招方式，並非各大學自己舉行測驗，最近能帶電算進場的科目越來越多。有些考試可以自己選擇使用不使用電算的科目；英國也非大學各自招考，而是依地區分為O等級（國中畢業級）、A等級（高中畢業級）的考試，從很久以前就使用電算。

日本到底什麼時候才開放升學考試可使用電算？希望孩子們能早日從煩人的計算中得到解放。

不知何時那些人才能了解電算和電腦只是純粹的工具，和鉛筆、紙等文具沒有兩樣。

2 活用電腦於數學教育中

數學軟體比BASIC有助於學習

以前談到小、中、高等教育階段能使用的語言只有BASIC而已，事實上BASIC對數學的學習而言並不是很方便。

如果沒有寫特別的程式，連「分數加分數」也無法計算。特別是日本的N88—BASIC在畫坐標時，無法如一般的數學那樣，右橫軸為X軸，上縱軸為Y之正座標。學BASIC相當費時，而且很辛苦。在美國這個科目要修一年。除了BASIC以外，像PASCAL也一樣要花一年的時間。

在使用過BASIC後，個人認為它不是一種便利的電腦語言，不夠完整。**若要學習電腦語言，以C語言最好；而對於學習數學幫助較大的，當然也是好的數學軟體，而非BASIC。**

活用輕巧的函數電算

在討論數學軟體之前，先想想最近的圖形電算。**比只能做四則演算的電算多一點功能的函數電算，可處理較複雜的計算；而能夠繪圖的則稱為「繪圖函數電算」**。這方面的東西進步得很快，只要花二萬元左右就可買到附彩色液晶顯示器及軟體程式的電算，而且攜帶方便。

目前日本的國中和高中買函數電算的學校已有漸增的趨勢。要學校添購大批電腦可能不是容易的事，但繪圖函數電算應該可以人手一台，學校可在上課時借給學生使用。

繪圖函數電算圖表稍嫌小了一點，而手提式電腦若能再輕巧點更好，唯獨圖表的畫面則越大越好。

數學軟體將廣泛使用

談到電腦的數學軟體有許多種，如 Reduce, Derive, Mathcad, Maple, Mathematica, Matlab 等等。Derive 和 Mathcad 用於普通的計算，Mathematica 便利繪圖，各有各的特長，只要用習慣，都很方便。

Mathematica 屬於較高級的軟體，不論要解方程式或繪圖，只要打入一行就OK了。

即使沒有學過BASIC、C語言及Fortran的人，只要懂數學，就較易使用 Mathematica。現在已有針對學生的廉價品出現，購置此軟體的高中數也在增加當中，雖然目前不是很多，但可以確定一定會逐漸增加。

活用軟體真有助於學習嗎

有些人懷疑，高中、大學使用電腦的數學軟體真能像小學用電算一樣，達到理解數學的目的嗎？

小學使用電算除了助於理解算術的內容外，還把複雜的計算交給計算機；當然也有小學老師願意自己寫軟體來協助學生學習數學，這種情形另當別論。

相對的，中學以上使用輔助工具的目的並不光是為了解決複雜的計算，而是為了理解數學。

舉例而言，只要在座標平面上決定了半徑和中心，就能畫圓；決定二點座標就能畫線；這些道理口述能了解，但是，自己親自動手去畫畫看，更能徹底了解。當然，在紙上畫也可以，透過電腦可以變顏色又利修改，更加有趣。

前幾天有個學生畫了很有趣的小叮噹，這是出於他天生的欲求，由於想畫小叮噹而展開學習畫橢圓、圓弧的過程。

透過動畫展現各種變化也是一大助益，動畫既方便又容易使人興奮，每個人第一次作出動畫時都很高興。從圓周上點的移動到求 $y=kx+x^3$ 之k值的變化，都能以動畫方式呈現，相當有趣。

光學習形式邏輯和複雜的計算令人厭煩，但透過電腦來學習使得數學本身像穿上新裝一樣，給人耳目一新的感覺。

希望高中能多活用數學軟體

在日本，文部省已依時代趨勢做出讓高中使用電腦的指導要領。**基本上那些認為不需要文部省指導要領的人，仍多數贊同使用電腦。**以前如果在教科書中提出使用電算的意見，總是被文部省刷下來，所以最近文部省的改變可謂不小。

教科書用到的數學Ａ、數學Ｂ、數學Ｃ幾乎都是ＢＡＳＩＣ，數學軟體則只占一小部份。文部省提出「可使用處理公式的軟體」，但教科書的編輯和出版社卻不積極，這一點頗叫人頭痛。在教材編列會時，在場的老師只考慮到便於教學，而不想想對學生的用處，實在令人嘆息。

目前升學考試幾乎去除了和電腦相關的部份

目前的升學考試對電腦的重視程度多大呢?**幾乎所有的大學都將和電腦相關的部份從考試範圍中剔除**。有些大學擔心加考電腦相關科目，來報考的學生會減少，所以未將它列入考試範圍。

在美國參加大學入學測驗時，雖然電腦不是必考科目，但有一項稱為Advanced Placement的大學程度測驗；其中有一個電腦科學的部份，題目通常出得不錯，所以「不好出題」根本不是什麼理由。

有人還說美國的數學教育程度很差，這實在令人困擾。日本的小學生到美國，只會計算就得意洋洋，更讓人頭痛。甚至有人誤以為「美國的高中不教微積分」，其實學過三角函數微分的學生，美國不會比日本少。來選讀經濟系的學生中，幾乎沒有人學過微分。

電腦方面的程度，美國的大學新生比日本高上好幾段。

第八章
數學如何在社會中發揮它的功效

1 將日常生活、他類科學與數學結合的關鍵是「量」

數學並非自然科學中的一個領域

我想大家都知道，在自然科學及科學技術當中，數學是必備的。但是，在其他類的社會科學以及日常生活中，數學到底扮演著什麼樣的角色呢？這點就很難去理解了吧！

的確，數學會讓人覺得它是自然科學的一個領域。大學的學科科目中，也有很多學校將數學歸納為自然科學。然而，當我們將數學與他類的自然科學比較看看，就不難發現其實數學並非自然科學中的一個領域。

比如說，以天文學（宇宙物理學）來談的話，它的研究對象是太陽、行星、恒星、銀河、黑洞這些宇宙方面的現象，很清楚地，它們跟數學無關。而化學的對象是分子或原子的程度結構及運作，生物學是以生命為研究對象，個個自然科學都有其在自然界的研究對象。

如果說，自然科學是設定自然界這個一定的範圍為研究對象的話，那麼，我們應該可以很清楚地了解到數學並非自然科學了吧！

數學不但不是自然科學當中的一個領域，它還與社會科學及人文科學之間有著深厚的關係。當我們去看經濟學方面的書籍時，會發現其中有許多的公式。

雖然要將經濟學與數字之間的關係拿來討論很困難，但實際上，它們被使用的頻率很高。其中會有一些領域涉及到數理經濟學或經濟數學，以及計量經濟學。

在社會科學及人文科學的領域中也被廣泛使用的統計學，數學更是不可或缺的。從行列的計算開始，一些求固有值及固有向量的物件也不少。甚至在各種調查的合計、分析、預測等方面亦廣泛地被採用。

當然，不用說這些表示資料的意思、背景、資料的收集方式等基本上是重要的。但是，分析的方式亦不容小覷。

數學尚可活用於政治學、社會學、心理學、教育學等各種領域上。那麼，如此一來，數學是屬於以何為研究對象的科學呢？在此，我們舉個例子來看看。

表示百貨公司營業額的函數

每月百貨公司營業額的變化

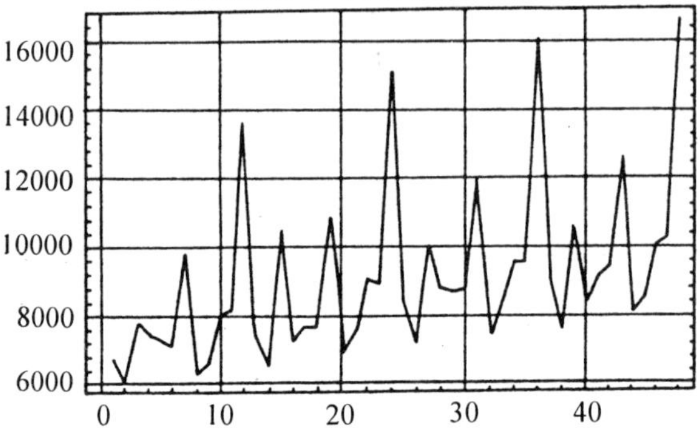

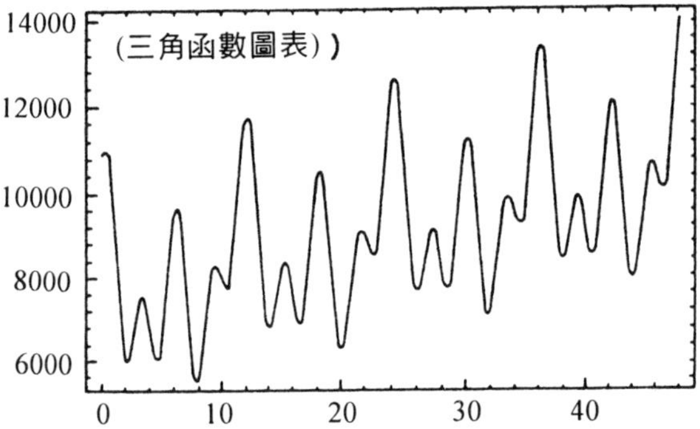

百貨公司的營業額亦是顯示景氣復甦的指標之一。當日本的經濟順利成長時，百貨公司的營業額也會順著成長指數而攀升。每年一月的營業額，一九八八年至一九九一年增加的金額如下。六八四二億圓、七三六九億圓、八二八一億圓、八九二四億圓。但是，每個月的營業額都有很大的不同。最高是在十二月份，它是收入最少的二月份的二倍以上。我們從圖表中可了解到，每個月的營業額變化在每年幾乎都相同。

對於這種有規則性的變化，可將表示此變化的關係函數以SIN、COS等三角函數來表示。然後將求出來的三角函數文圖表與原來的變化相較時，我們會發現它們十分地相配。而且，**使用此函數時，可預測將來的營業額**。

事實上，之後的營業額雖然並非一味地上揚，但是只要條件不變，在上漲的期間是可利用求出來的函數來作預測的。

好書推薦

★HOGUBEN　『百萬人之數學』　筑摩書房

它是一本長久以來在世界各地受到讀者推崇的書籍，其中亦談到有關一些歷史方面的故事及各種數學概念的起源。

★遠山啟　『數學入門上、下』　岩波新書

書中敘述的方法，就算文科系出身的人也能夠理解那些有關微積分及向量、行列等方面的東西。

★小林道正『依 Mathematica 之微觀經濟學』　東洋經濟新報社

在微觀經濟學中用了許多數學的概念，當採用電腦的軟體 Mathematica 時，在作計算及圖表的表示是很容易的。書中亦例示了簡易經濟的範例。

數學的對象是在各種不同的領域中之各形各色的量

以下的範例所出現的「重」這個量，會在各科數學的範疇中出現，但是，「重」這個東西到底是表示什麼呢？它的表示方式及測定的方法最主要應該是以物理學為對象，然而數字亦可使用於表示其量的大小程度。

也就是說，數學的研究對象是各種的量，其主要的工作是表示量的大小。這種說法或許有點太單純了點。

量這個東西，到底是什麼？量之大小的側面又是什麼呢？要一一地去追根究底似乎太過牽強了，我們不要做這種鑽牛角尖的事。重要的是，數學和所有的他類科學及日常生活都有關係。

換句話說，**學習數學的同時，亦可學習日常生活及其他各種領域當中之各式各樣的量**。

訓練您「數學式思考」的問題⑩

有一個測水的 500 公克的水槽，在水槽上有一塊重 30 公克，體積 40 立方公分的木頭浮在其中。如果沈在水中部分的體積是 20 立方公分時，磅秤上所秤出來的重量是多少呢？請從以下答案中選出正確的。

①.很單純的，只要加上其重，也就是 530 公克。

②.只要考慮水中木塊的體積輕了 20 公克，也就是 510 公克。

③.只要考慮木塊在水中是 20 公克，也就是 520 公克。

④.依木塊種類之不同而有所不同，光靠此是無法瞭解的。

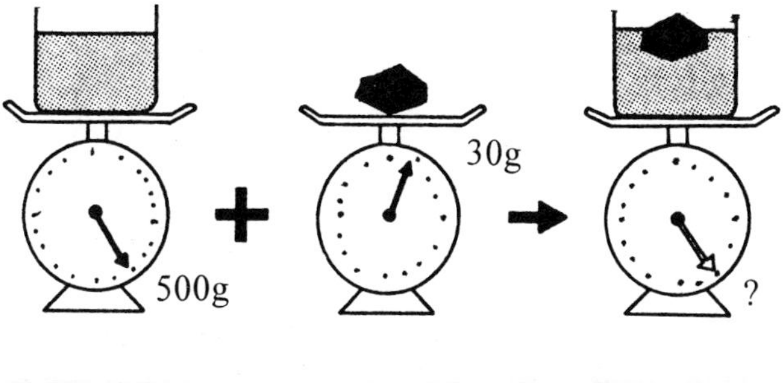

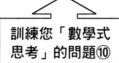

解答・解說

正確的答案是①，很單純的，只要加上其重，也就是 530 公克。如果問很多人，通常會有各種不同的答案出現。「阿基米德原理曾說：水中的東西，只有與其體積相同的水重量減輕」，這樣的「提示」(？)提出來時，的確很有意思。

正確的答案當然是①。或許很多人因不瞭解「重」即是「量」的意思而弄錯。所謂的重之涵意是，地球吸引物體的力量，因此全部的重量都由所支撐的磅秤所承受。但是，可能有很多人會認為這並不跟數學的學習有關。

像這種 500＋30＝530 的問題是幾乎所有人都會的問題，但是實際上有許多人會弄錯上述的重要計算的問題都是對於數學（算術）的計算方式不信任的結果。因為一般在小學時學過的許多加法的算術不知應如何使用在何種東西的秤量上。於是，就算是數學本身是一項非常有趣的東西，但是倘若是無法將數學的效用運用在實際的社會及其他的範疇上的話，只是會造成空有財富而不知如何去活用的遺憾。

2 如果知道量的種類是很有幫助的

表示事物的擴展力及時間的量（外延量）

在報紙中也常登載一些有關量的消息，在讀有關量的相關資訊時，只要知道那個量是表現何種性質的量的話，便可知其意。在習讀各種量之際，抱持著某種視點是重要的。

提到量，首先讓人想到的是剛才提出的問題，「重」、「體積」這種日常性的物理量，但是如果將時間也列為量的一種會較妥當。在報紙及經濟學中出現的量中有：「資本金」、「預算」、「人口」、「存款額」、「收入」等，多得不勝枚舉。

這些量當中應該有某些共通性吧！事實上，右列的量都只是一些相同性質的量而已。**它們並非表示物的性質及能力、強度等，它們可說是，擴展於空間「表示擴**

展力的量」。以時間的情形看來，它是表示時間的擴充。或許有人會說，感覺上好像懂了，但事實上不太清楚。那麼，讓我們再進一步地說明白些。

數學（算術）的加法是可用於量之合計的量

事實上，數學（算術）的加法及減法有時可與事物合計時的量之和相對應。這些量和剛才所提出之問題的「重」是一樣的，在求東西合計之量時，是可以配合數學（算術）的加法及減法的計算。

比如說，這個月的存款額是5億圓，而上個月的存款額是4億圓的話，那二個月的存款額合計便可使用以下的計算式→5＋4＝9億圓。使其非常明白地表示，重的情況也可使用此種計算。比方說，欲沈水中的量、浮出水面的量、金魚的游量、溶鹽度等均可用此種計算。

「可使用數學加法計算的量」，只要單純地去理解此說法，基本上是沒有什麼問題的。或許有些人聽不慣「外延量」這個用語，然而以英文來說的話叫做 Extensive Quantity，「具有擴展力的量」之意。

訓練您「數學式思考」的問題⑪

為什麼 $5 \div \frac{2}{3}$ 可將分母及分子顛倒，以 $5 \times \frac{3}{2}$ 來計算呢？

解答・解說

這是在小學的算術級數中算是最困難的問題。解答有很多種方式。有些人在形式上作以下的說明Ｘ：

$$5\div\frac{2}{3}=\frac{5}{\frac{2}{3}}=\frac{5\times3}{\frac{2}{3}\times3}=\frac{5\times3}{2}=5\times\frac{3}{2}$$

但是光靠這種形式上的說明是無法瞭解的。小學生能夠理解，接受的是以具體的量之實例來作說明的情況之下。前提是乘法在量的計算上，基本上，比如說每一公尺相當於 5 公克的金屬絲，當量在 4 公尺的情況下可算出到底有幾公克。

5（公克／公尺）×4（公尺）＝20（公克）

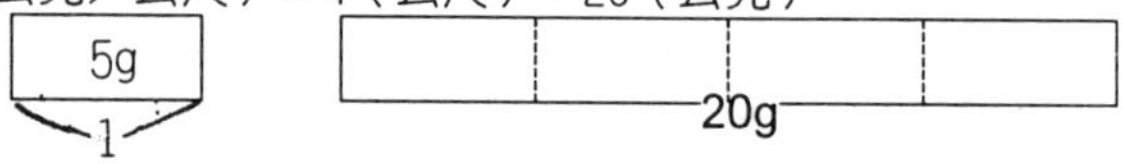

而除法基本上在量的計算方面之前提是，比如說 3 公尺的金屬絲的重量是 6 公克時，可算出每 1 公尺的金屬絲的重量為幾公克。

$$\frac{6(公克)}{3(公克)}=2(公克/公尺)$$

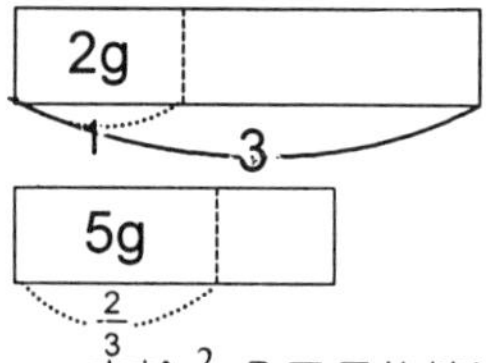

。瞭解此計算式時，$5\div\frac{2}{3}$ 便可解說以下的問題了。當 $\frac{2}{3}$ 公尺的金屬絲之重量為 5 公克時，那麼每 1 公尺的重量是多少呢？

由於 $\frac{2}{3}$ 公尺長的情況下會有 5 公克，因此在求每 1 公尺的重量時，可將 $\frac{2}{3}$ 延伸為 1 來算。當我們將此 $\frac{2}{3}$ 的長度定為新單位的長度時，此單位的長度會有 5 公克重，因此我們只要求出其單位的 $\frac{3}{2}$ 長的重量即可。於是，再來轉成乘法的算法時，可求出以下的公式。

5（公克／單位的長度）× $\frac{3}{2}$（單位的長度）

或許上述的說法雖然無法說是「簡單」，但是比起光靠形式上的說明，能夠接受此說法的學生應該會有不少才是。

表示事物的性質、能力、強度的量（內涵量）

我們將速度或濃度、密度等當作量來處理看看。

或許以日常用語來解釋的話會有一點不一樣，但是若把這些也當作量來處理會比較方便。我們舉一些報紙中登載的量與這些量是相同的例子來看看。

像物價指數、利率、公定率、匯率、人口密度、出生率等，多得不勝枚舉。這些量到底具有那些特徵呢？

先前所提到的「外延量」是表示物的擴展力，而這些量亦可說表示物的性質或能力、強度等方面的東西。在英文叫做 Intensive Quantity，而日文叫做「內涵量」。「速度」是以「距離」及「時間」所定的，而「密度」是以「質量」及「體積」而定，不管是何種內涵量應該都是以兩個外延量的關係而定的吧！

「效率提升了」，這並不是表示工作完成的量，而是指在一定的時間內所完成的工作量，因此，我們必須先了解所謂「工作的量」完全是另外一種不同概念。

可使用除法及乘法的量

由於內涵量是表示物性質的量，因此，就算是兩種量都加起來，量也不適用於加法。百分之二的食鹽水加上百分之三的食鹽水，絕對不會變成百分之五的食鹽水。外延量是關係著數學（算術）的加法、減法，而內涵量看起來似乎與除法、乘法有關。

表示汽車的速度方面，只要表示汽車在一定的時間內所行駛的距離即可，但是所謂的一定的時間，通常是以一個小時來計。而要求二個小時行一二〇公里的電車速度時就會使用到除法。相反地，以時速六十公里來行駛三個小時就會用到60×3＝180的乘法，這使我們可以了解到它可行駛到一八〇公里遠的地方。

所謂的乘法，我們很方便地從內涵量及外延量A來求外延量B這個計算中來理解。如果將乘法記成「反覆的加法計算」的話，那會有很多的不便。特別是遇到小數點的乘法及負數的乘法時。用負乘負得正來做量的說明時，用反覆的加法計算會太過牽強。而小數乘小數的說明亦同。

我們只要想**「速度」×「時間」＝「距離」**是乘法的基本型即可。

訓練您「數學式思考」的問題⑫

開車來往於A市及B市時，去的時候路比較空，可以時速 60 公里來開。然而回程時卻因道路壅塞，時速只有 40 公里。那麼往返之間的平均時速是否為每小時 50 公里呢？

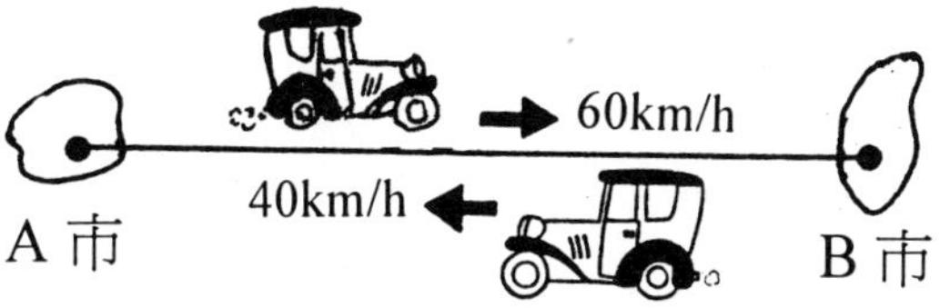

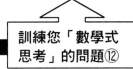

解答・解說

平均時速是每小時 50 公里這個答案是錯誤的。將此問題仔細地計算一下，雖說A市與B市間的距離是無關的，但是我們假設看看兩地間的距離倘若有 120 公里。去時花 2 個小時，而回程時花 3 個小時。兩地之間往返的距離 240 公里花了 5 個小時，那麼平均每小時就是 48 公里了。

或許會有人認為這很不可思議，那讓我們來看看以下的情況。「第一次的 1 小時以時速 60 公里來跑，而之後的 1 小時以時速 40 公里來跑。平均時速是多少呢？」

由於此時是用 2 小時跑完 100 公里，所以平均時速是 50 公里。

在用整數可表示的分離量當中有其最小的單位

在將外延量、內涵量的分類相較之下，還有一種不同的分類。量有其自然具備之最小的單位，如果很勉強地將其分成兩半時，有的量會變成他類。

物的個數都是這種量。談到人口時，一人是最小的單位，而談到杯子時，如果分成兩半的話，就失去其杯子的用途了。這種量應該僅限於日常生活及社會科學中的量吧！其實並非如此。

科學及物理所說的原子之個數或原子號碼等都是相同種類的量。這些量總稱「分離量」或是「離散量」。以英文來說，叫做Discrete Quantity。

表示此分離量者，可使用以數學來說的「自然數」。由於零及負的自然數也加進去了，因此也可說是「整數」。

自然數是指什麼呢？來討論數這個東西也是十分有趣。3個人或3個蘋果並不能表示所呈現的數是「3」。數這種東西是一種抽象的概念，只讓人家看這種抽象的東西是不行的。或許就因為如此，數學會讓人覺得很難搞定。

以實數來表示的連續量當中，沒有最小的單位

然而，「量」還有另外一種，沒有最小單位的量很多。這些量稱為「連續量」。英文叫做 Continuous Quantity。

時間或長度、原子量等，以物理來處理的量很多。這些和分離量相較之下，會誤會這些量當中原來就未具備最小的單位。

就算將時間分成兩半，再將分成的兩半再分兩半，不管怎麼分還是有時間，是沒有終點的，因此時間沒有最小的單位，也就因為如此，要將時間以數值來表示時，必須作出一個人為的單位。

長度的單位亦同，有時以地球的大小為基準，有時依公尺標準器來衡量，發生了許多歷史上的變化。時間的單位也漸漸地開始以十分準確的原子運動為基準了。

好書推薦

★銀林浩『量的世界─構造主義的分析』むぎ書房

此書將在各種科學領域當中的量做了一系列有系統的整理與分類，並詳述其各自的特徵。

訓練您「數學式思考」的問題⑬

小學生在考學校的考試時，如果以下列的方式來回答就會被打上一個X。

$$\frac{2}{5}+\frac{1}{3}=\frac{2+1}{5+3}=\frac{3}{8}$$

而為人父母者對孩子訓誡說「你給我好好地作答！」然而，小朋友卻畫了以下的圖案對父母親說明，並詢問道，我這麼做為什麼不對？

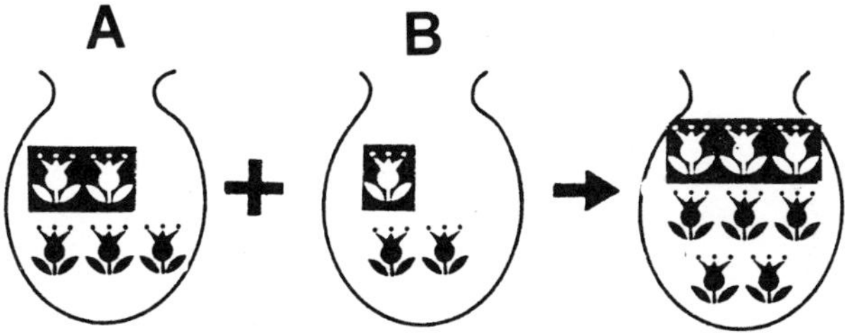

孩子問到「A袋中的比例是，5 個當中有 2 個，所以是 $\frac{2}{5}$ ，而B袋中的比例是，3 個當中有 1 個，所以是 $\frac{1}{3}$ ，然而 2 個袋中相加而成的C袋，應該是 8 個當中有 3 個，照理來說 $\frac{3}{8}$ 應該是沒錯才是！」，如果是你被小孩子問到的話，你應該如何跟小孩子說明。

解答・解說

在加數字時，我們一定要考慮到那個數字是以什麼量為基準？比如說，2＋3＝5，然而實際上 2g＋3kg＝5 嗎？為什麼不可以呢？那是因為單位不同的緣故。

因此，以實例來考量加數的計算時，要用與其數相當的量為例來計算加法才可。

我們可以這樣來說明，當Ａ袋中的是 $\frac{2}{5}$ 的時候，是以 5 個為 1 個單位，而Ｂ袋是以 3 個為 1 個單位，由於Ａ袋與Ｂ袋在單位上不同，因此，無法採用 $\frac{2}{5}+\frac{1}{3}$ 這個計算例。不用說，為了慎重起見，此問題的正確解答是 $\frac{11}{15}$ 。

在數學教育中量的取得方式

要理解某種量的性質及單位時，如果按步就班依「直接比較」、「間接比較」、「個別單位」、「普遍單位」來處理，對於學生在量的理解方面會較妥當，做這樣的研究就是數學教育。這個跟人類在認識量，思考單位的過程也有相關。

把諸如此類的想法統合起來就叫做「有關量的理論」，這個想法是誰想出來的呢？在很久以前，古希臘的亞里斯多德等人曾寫過類似於區別外延量及內涵量的東西。在哲學方面，干特也在純粹理性批判當中有所敘述，而將其體系化者是黑格爾。然而，數學家和其他的人會這麼說呢？威爾寫過有關量的書籍，而心理學家琵阿傑也將各種實驗的結果結集成冊。

在數學教育界中著眼於量的重要性，且做有系統整理的，是已故的遠山啟老師。老師在戰後不久就創立「數學教育協議會」，一直都和小學、國中、高中的老師們一起作研究、實際去參與活動。在我所寫的英文書籍中有詳細的介紹。

★『New Ideas of Teaching Mathematics in Japan』　中央大學出版部

3 機率及統計使得這個世界趣味盎然

所謂的機率是在偶然當中所找出的必然率

在這個世界上的各種現象，不管是自然現象也好，社會現象也好，如果這些現象都是一種必然的現象的話，那麼這個世界會變得多麼無生趣啊！

如果每個人的壽命自出生開始就由其遺傳因子所掌控的話，那麼我們這一生的生活方式不就變得大相迥異了嗎？或許未來應該充滿著偶然，就是因為有那麼多不確定的因素，所以我們會勇往直前為生命而奮鬥。或許不知在哪一天會因為偶然發生的交通事故而喪失生命。相反地，也許會在某一天因中了彩券而從此飛黃騰達。但是，充滿著偶然性的未來也有其一定的規則性存在，各種生物的生命大概都有個定數。就算是不規則的偶然現象當中，也會有難以遙控的規則性存在。

機率的學習就是用這種觀點，一面享受其不規則性的樂趣，一面學習那無法避免的規則性，這點是很重要的。

訓練您「數學式思考」的問題⑭

這裏有 5 男 5 女，互相以抽籤方式來決定舞伴。不管是男女都伸手去裝有 1、2、3、4、5 號的箱中抽籤，抽到同號者便成一對。

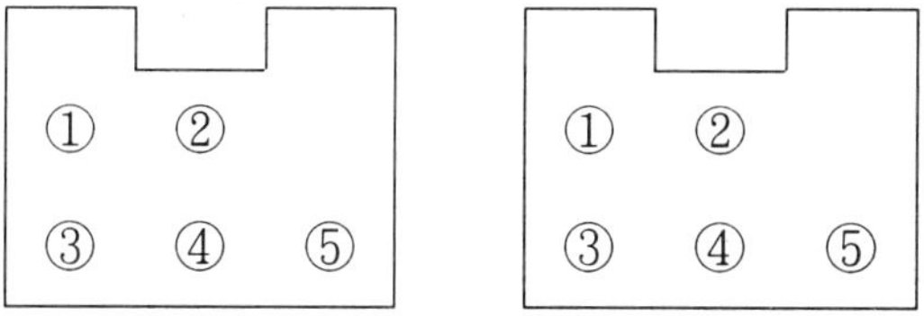

男性　　女性

那麼，想要跟自己所鎖定的目標對象成為舞伴的機率有多少呢？

解答・解說

您可以任選號碼。問題是，自己的目標對象選跟自己同號的機率是5個當中的1個，亦就是$\frac{1}{5}$。

其機率絕對不是$\frac{1}{5}\times\frac{1}{5}=\frac{1}{25}$。不相信此種說法者可實際去作個實驗看看就知道了。實際去做卡，而您自己任意選一張，而且讓您的目標對象也任選一張。將此實驗反覆地多作幾次，並查看與目標對象配成對的比例即可。

在此，讓我們來介紹一下電腦配對的結果。

{2,4},{4,1},{5,5},{1,1},{5,2},{1,4},{1,1},
{5,5},{4,1},{1,2},{3,2},{2,4},{2,2},{5,3},
{2,3},{4,1},{2,1},{1,2},{1,2},{2,2},{1,1},
{1,2},{3,2},{3,1},{4,5},{3,4},{2,5},{2,2},
{4,5},{5,5},{4,1},{4,5},{1,1},{5,1},{4,4},
{2,1},{5,4},{3,5},{4,5},{2,4},{1,2},{1,4},
{5,3},{5,1},{2,3},{2,3},{3,3},{2,5},{3,4},
{2,2},{5,1},{3,1},{4,4},{5,3},{1,1},{4,3},
{5,2},{1,1},{2,5},{5,5},{2,2},{2,4},{5,1},
{3,5},{5,2},{1,3},{5,3},{4,5},{2,1},{2,1},
{5,5},{3,5},{1,4},{2,4},{2,1},{1,2},{3,1},
{5,1},{1,5,}{2,3},{3,3},{4,5},{5,3},{2,4},
{4,1},{2,2},{2,4},{3,2},{4,5},{2,5},{1,2},
{5,5},{2,4},{2,1},{1,3},{5,1},{4,3},{1,5},
{1,2},{1,2}

①

解答・解說

以此例看，100 中有 22 次配對成功。正確配對機率為 $\frac{1}{5}$ 的這個說法似乎是對的。

如果還是不放心的話，再去做一千次、一萬次的實驗即可。做的次數愈多，相對地，成功機率會愈接近 $\frac{1}{5}=0.2$ 的值。

像機率這種東西，確實可為我們的人生帶來樂趣。倘若世界上許多的現象完全都是由一些既定的法則來決定，那麼夢想、希望就不存在了。或許因為未來是一個洋溢著不可知的世界，所以未來是愉悅的。但是，雖說未來是個未知數，但是並非完全沒有其規則性。調查在不確切、不可知當中所存在的各種規則性，那就是機率論。

不管是摸彩也好，遊戲中的命中率也好，這些都是利用其偶然的機率。要是不知其偶然的機率性，那實在是一點辦法也沒有。比如說，有一位大富翁買了半數以上的彩券，這個大富翁會獲利嗎？其實，買上相當於 1 億圓的半數以上的彩券，事實上是虧大了！因為，像彩券這種東西，它僅提供購買人獲利金額的一半作為獎金之用。就算全部都買了下來，所得到的金額僅為投入金額的一半而已。而且買的愈多，命中率會愈接近這個原理，所以買了半數彩券的大富翁的中獎金額會幾乎等於投入金額的一半。

所以買彩券的樂趣是，偶而買一點點來玩玩，雖然命中機率非常的小，但是那種期待幸運之神來眷顧的心情，卻是一件好事。

②

不要被統計數字矇騙了

在記載社會上所發生的一些事情時，會使用許多讓人弄不清楚的統計資料。在聽取一些國會中的言論之爭後，有些人會隨隨便便提出一些數字來評論，但是其中有許多東西會讓人懷疑，他們是否真正了解實情之後才使用？**那些數據的含意是經過何種調查？是如何地統計？而且到底是以怎麼樣的分析結果所算出來的數學呢？這點是很重要的**。比如說，以失業率來說，是什麼樣的人才算失業者呢？這是一個很大的問題。簡單地說，所謂的失業者應該說「想要工作卻沒有工作做的人」，但困難的是，那種人是哪種人呢？這點很難去判斷它。如果說，到職業介紹中心來的人才算是失業者，這種說法是值得商榷的。更何況要和各國的失業率作比較時，是否可用相同的方法來作調查呢？這些都是問題所在。

就連不良債權的計算也是一樣的，知道所貸出的款項無法回收就可說是「不良債權」？這個說法正確嗎？在有一份完整的擔保情況下，是不應該有無法回收的情形發生才對。而無法回收的是，除了貸款銀行的責任之外，是否還意味著尚有他處有其應負的責任呢？使用一般老百姓所繳納的稅來負擔此責任的這個理論，我想無法接受的應該不光只有我一個人吧！

訓練您的「數學思考」的問題⑮

某一報上登載，「某一地區的人民平均所得已達 970 萬圓，馬上就要超過 1 千萬圓了」。然而，閱讀此報導的當地居民說「我們家所得只有 500 萬圓，連平均所得都未達到，真想跟大家並駕其驅。」

那個西洋鏡在隔天所發售的週刊中被揭露出來了。「某地區的平均所得雖然已達 970 萬圓，但是收入未達此平均所得者佔了百分之八十五。」

一般人均認為，平均數是一個中間值，高於中間值者佔五成，低於中間值者佔五成，其實完全不是那麼一回事？

解答・解說

為了將話題簡易化，我們登載了以下的數值為例。

100,100,200,200,200,300,300,300,

400,400,500,600,900,2000,8000

這 15 人的合計是 14500。除以 15 的話便成了 967。未達 967 人者，實際上有 13 人，此比例為 87%。

這個概念完全打破了，平均值是由超過者之 5 成，及未超過平均值的 5 成所平均而來的這個想法。

我們不可以去誤解，「平均」就是「中間值」。如果欲想將集團中許多的量用一個數值來作代表的話，應該會有許多側面的因素被刪除掉。通常被當成代表值來使用的量都會用頻率最高的值或中間值，它和平均值一樣，並不表示其代表的就是佔最多的。所得方面也有其所得分布的方式，這種分布方式是很重要的，為什麼只有一個人的所得是特別的多呢？如果把單一個人的高所得平均分攤至個人身上的話，每個人的所得均可達到 970 萬圓，想想這樣大家的生活不都變得富裕，那樣不是很好嗎？

第九章
為什麼不會說英文

1 英文差不代表腦筋不好

在美國小孩也會英語

似乎有不少人認為英文不好是因為自己腦筋不好，常常為記不住單字而感嘆不已。但是，你卻能說很好的日文，原因無他，因為你是土生土長的日本人。

如果你生在美國，在美國的教育環境中成長，你應該就可以說一口流利的英語。語言是依出生環境而決定，這一點是再理所當然不過了。

對於數學能力是天生環境及教育結果這一點不太認同的人，恐怕不得不承認，語言能力乃百分之百取決於環境和教育。

在美國長大的人，不論是誰、是大人或小孩，大家都會說英文。即使是日本人，在那種環境下成長也能說一口好英文。就算在家裡說日語，只要在當地的幼稚園或普通的美國學校上學就足以構成良好的學習美語環境。

現在大家應該能夠確定英文好不好和頭腦好壞沒有多大的關係。問題在於，生長在日本的我們，要如何學好英語。

想要學好母語以外的語言，最重要的還是創造一個和學習母語相同的環境。在日本要創造一個這樣的環境並不容易，但是有部份的可能性。

舉例而言，**只看英語發音的節目；只聽英語發音正確的錄音帶；只寫英文，不寫其他語言的東西；只說英文，不說其他語言，持續的時間越長，效果越好。**

現在到外國出差的機會越來越多，依各人家庭教育方針的不同，可決定小孩子要送到當地的學校或日僑學校。**能夠進入當地的學校就學是求之不得的好機會，不好好利用可謂一大損失。**

不讓小孩進當地學校的父母，通常所持的理由之一是「沒辦法用母語，母語不紮實就缺乏學習其他事物的能力」。依經驗，這是杞人憂天的想法。

突然把一個小學生這樣放在國外確實有些令人不放心。然而，大部份的家庭在家中都說日語，用日語談天或討論事情沒什麼問題；而且隨時可以閱讀日文書籍，和英文能力的獲得比起來，出差海外多年對小孩子日語能力的負面影響，實在不算什麼。

如果平常就讀當地的學校，星期六到日僑補習學校去上課，那就更好了。去除在日本的學校背誦的部份，補習學校對孩子的學習有很大的彌補效果，再加上於家中常保持讀日文、寫日文的習慣，應該就夠了。

為什麼要學英語

談到這裡，我們得先問個問題，為什麼要學英語呢？如果只是因為高中及大學聯考英語占很大的比重，那麼，學習動機就弱多了。

若能訂立具體的計劃，比如可以和外國人交流、或許有機會到國外工作、到外國學習等，那麼，投入的心力自然多了許多。

此外，如果對外國的文學、音樂、美術、時裝、料理等有興趣，也可透過語言，在適當時機出國發展。

只要抱持具體的夢想，就能理解英語的重要性。

培養英語實力

在準備高中、大學聯考時，為了考好英文，通常藉助英語教科書、參考書和練習題，但這並不能培養真正的英語實力。還是趁早將學校和補習班的方法丟在一旁，培養真正的實力。要培養真正的實力必須透過下述途徑：

不斷地聽錄音帶訓練聽力；看英語節目及電影、發聲說英語、重複閱讀簡單的英文書、越多本越好；寫的方面，最好以英文書寫出自己的想法，常常練習。

不要再作那些練習題了，補習班那些英和、和英的翻譯練習，只是浪費時間罷了，甚至可以說妨礙英文的學習。

要培養英語實力的一大要點是，在腦中闢一個英語的領域，養成用英文思考、用英語表現的習慣。不論如何努力學習英日文轉換，都無法讓你擁有好的英文能力。

應該有不少人常聽錄音帶而不讀學校的英語教材卻能考高中，甚至提高五十分。聽力是語言能力的所有基礎，在有限的時間內要多利用時間練習。

2 像學母語般學習

闢出英語的領域

能在英國或美國等地的學校學英文的人畢竟有限；那麼，在日本要如何學英語呢？所謂「像學母語般學英語」的意思，是指在頭腦中闢一個英文的領域。**不論聽說讀寫、或者討論，都必須有一個專屬的領域**。以電腦的概念來說就是「英語的目錄區」。

在剛開始的時候，英語的領域最好和日語的領域沒有任何關連。換句話說，就是「必須讓英語的領域發展於日語領域之外」。

也許有人覺得英文的 moon 不就是「月」的意思嗎？我在這裡要說明的是，在學習「moon」這個字時，必須在英語的領域中運作；**並不是將英語的「moon」解**

釋成日語的「月」，而是去理解「moon」為一天體，在天空浮現的大天體，每天都會變形狀的天體，偶爾會突然完全消失變暗的天體。

不論是父母或學校老師在教孩子的時候，都應該在月亮出來的時候指著月亮，告訴孩子那就是「moon」，而並非教他們「moon 就是月亮」。在教學時，老師可以利用月亮的圖形和照片來教小孩，或者製作卡片，正面寫「moon」，背面為月亮的圖片。

在聽到「book」這個字時，腦子裡不能出現「書」這個字，而應該浮現「書」的樣子，並因而做成英語的領域。在學英語的過程中，最好能暫時或一段時間忘掉日語。

只要不以日語當媒介來學英語，英語將大幅度進步。特別是小孩子在剛接觸英語時，更需注意這一點。小學生到英美等國的學校後，自然被置於這樣的環境中，而使得英語進步神速。

在開闢英語領域時，最重要的是聽說讀寫都只有英語，這段時間越長越好，它產生的不是單向效果，而是呈指數函數的效果。

這種方法不只對初學者有效，對長期習慣用日語來學英文的人一樣有用。最重要的還是在腦中做一個獨立的英語領域。**在學習過程中，訣竅在於有意識的忘記日語，這是培養英語實力的重要法則。**

用英文思考

一旦在腦中形成一個英語的語言領域，你就能用英語思考很多事情；在念英文時看到下雨，腦中自然浮現「rain」這個字；看到漂亮的東西，若立刻想到「beautiful」，那麼，你已經成功踏上用英文思考的第一步。

在開闢英文領域的同時，很重要的一點就是養成用英語思考的習慣。這需要有意識的接受挑戰。也許有人認為，腦子裡思考事情時怎麼會有用英文或日文思考的區別，事實上即使你不講話，你一樣用母語在思考。

你在想「明天的行程」、「那傢伙不像話」等事情的時候，你還是以母語為媒介。**這時候，你要提醒自己，「現在我要利用英語的領域」，然後開始用英文聽、說、讀、寫，並用英文思考，這都是一種有意識的挑戰。**當你養成用英語思考的習慣後，你連說夢話都會用英文，小孩子就常有這種情形發生。

第十章

訓練頭腦的英語學習法

1 利用聽力學習

重複聽相同的字彙

讓我們思考一下如何有效學習英語。剛出生的小孩一定是先會聽，從爸爸、媽媽、馬等字彙開始，反覆聽了幾十回後，自然就會發聲，於是語言能力就隨著身體一起成長。

學英語也一樣，要聽英美人士講的母語，並且重複聽幾十遍，然後自己試著發音。發音不正確時，一發現立刻修正，但須有人來糾正你的發音，否則自己不知道何處發錯。小學生到國外當地的學校時，大部份孩子們會彼此自然互相糾正，發音後發現別人聽不懂時，自己也能很快的調整發音，所以學習得很快。

年齡越小修正能力越強，隨著年齡增加，即使被糾正也不知道自己哪裡發音不對，所以修正起來比較困難。

雖然如此，但只要有心，五十歲以上一樣可以修正，我記得自己搭計程車回家時，第一次司機聽我說，到 **Langdon** 時，聽不懂，後來他試著問：「是要去 **Langdon** 嗎？」我開始學他的發音，三、四次以後就沒問題了，所有的司機都聽懂我要去哪裡。

初學者很容易從「文字」入門，其實應該從聽力開始。和以前比較起來，電視有英語教學、影片等節目，英語錄音帶物美價廉，可以說學習環境相當好。

利用錄音帶

聽錄音帶比看英文節目更具學習效果。看電視的時候除了英語以外，螢幕映像多彩多姿，吸引人注意力的要素很多，自然無法集中注意力去聽英文。許多時候即使沒有字幕也不懂英文仍能享受看電影的樂趣。

聽錄音帶，必須一邊聽一邊在腦中思考、想像各種畫面；這時候，你的英語世界將擴大許多。有人說看電視無助於腦筋的發達，但聽收音機可以動腦，使腦筋更發達，這也適用於學習英語。不斷地聽簡單的錄音帶，練習構築腦中的英語世界，你的英語將進步神速。

但是，如果漫不經心的左耳聽右耳出，這就完全失去功效了。剛開始的階段一定要努力集中精神去聽；不是一字一字的聽，而要一段一段的歸納到腦海中。習慣以後，即使不刻意集中精神，也能悠然遊走於英語世界中。

要發揮錄音帶的功效，一定要讓自己聽得懂，所以剛開始最好從簡單的內容著手，選擇以自己的目標簡單許多的錄音帶才是正確的。

此外，要重複聽相同的錄音帶。常常在你聽過二、三次後，原本不懂的英文漸漸自然了解了。所以，學英語和學母語一樣，重複聽是最好的辦法，簡單的語句聽過幾遍以後，甚至能夠完全轉化成自己的語言，並使你了解在什時候用什麼句子來表現。

錄音帶內容必須多樣，想培養實力必須對各種領域的知識感興趣，從日常生活的事物到社會、經濟、自然科學等範疇都要接觸，才能加強英語實力。為了豐富你的英語能力，你必須同時有豐富廣泛的知識教養。

在聽錄音帶時，除了故事性的以外，運動、歷史、自然科學、經濟、幽默、推理小說、文學等的內容都要聽，政治家的演講內容也是很好的教材。

在聽過各式各樣的錄音帶後，你才能理解在不同的地方，相同的字有不同的解釋和用法，腦中的英語領域才有判斷用字的能力。

既然不住美國、英國，那麼要製造聽英語的機會唯有靠錄音帶。它的威力相當驚人，因常聽而提高考試成績達五十分以上的，時有所聞。

活用電影來學習

除了錄音帶以外，電影也是很好的教材，它優於錄音帶之處在於利用畫面協助對語言的了解。**在看電影時，你吸收的不光是英語，而是沈浸在英語的世界中思考這個語言。此外，理解該國國人的想法和習慣也是學語言必須下功夫之處，看電影是一個很好的辦法。**

如果想在美國居住一段時間，多看幾部美國的電影更有必要。不管好壞，總是了解現狀比較好；電影雖未必能正確完整地將美國的現況呈現出來，但卻是很有用的資訊。

看過美國動作片的人都知道，當有人喊「freeze」時，畫面上通常是一個人舉高雙手面對舉槍之人。不論是在報章雜誌上或教科書上有沒有學過看過，想去美國的人至少得先看十部以上的當地電影。當然，我並不是說，如果你聽到「freeze」而不會站住不動，被開槍射死也沒辦法。

看電影練習英語，最好同一部片看過幾次，這樣原本不懂的英語在重複二、三次後，不知不覺就能理解了，這是一種很不可思議的感覺，一旦記住了，就是你的語言，不容易再忘記，並且在相同情況下，你自然會懂得如何運用。

好好利用電視

和電影院的聲效相比，電視放映的電影自然不那麼具震撼力，但它仍是很好的教材。如果是錄影帶，還能在需要時隨時倒帶，更加便利。

要學好英文首先要加強聽力，只要持續一個月～半年，每天看二個鐘頭的英語節目，你的英語能力將有意想不到的進步。比起每天念二小時學校的教材，看電視能培養出數倍的語言能力。我們甚至可以說，你一旦習慣後，自然不會意識到你在學英語，而能充分享受看電影的樂趣。聽力是語言學的根基，光聽英語就能擴大腦中的領域。

除了電視以外，你也應該看新聞節目或紀錄片、運動方面的節目；這是從前我們想都想不到的環境，不好好利用實在是一大損失。儘可能買一台自己負擔得起的電視，只要有空就看英語節目，你將慢慢體會到能力精進的神奇效果。

2 發出聲音

發出聲音模仿、閱讀

一邊聽或者聽完錄音帶後，一定要學錄音帶的發音來練習，這也是學習語言的要領之一。也許發音不是很標準，但這完全不必在意。**只要認真聽，然後儘量模仿，不管你懂不懂都無所謂，最重要的是開口練習，儘量模擬。**

最近國中、高中的教科書幾乎都已同時發售由外國人發音的錄音帶。當然，你不需要將教科書完全記住，但在重複聽的過程中，一定要不斷的跟著唸，而且不要邊看書邊聽，因為這樣很容易發出自己不正確的聲調，一定要用耳朵聽，用嘴巴說。

喜歡唱歌的人一定有這種經驗，同一首歌重複唱過幾遍後，唱那首歌時自己的聲音變得特別好聽，剛開始唱時並沒有那麼好聽。

唸英語的時候也是一樣，在幾十次的發音過程中，發聲機能自然能順應著英語的聲調，並說出流利的英語。

美國的小孩子也並非天生發音漂亮，在幾百次、幾千次的發聲練習後，才能漸漸說出一口流利的英語。何況是生在平常不用英文的日本，想要發音漂亮，一定得花時間練習。具備了基本能力後，自然會產生應用能力；因此，嘴巴動的方式、聲帶的運用方法等物理練習是不可或缺的。

另一個練習英語發音的方法是聽英文歌。聽過幾次後自然會唱，而且邊走邊唱也是一件快樂的事。特別是喜歡音樂的人可以從英文歌曲中學到許多。

總之，不要懶得動口說英語，無論是日語或英語，都應訓練自然說出口的能力。而儘量爭取時間發聲是最好的方法之一。

電腦也派得上用場

如果身邊有外國人來糾正你的發音，那是最好不過了。但是很少人能有這樣的環境，這時候你可以借助電腦。

不論在軟體或硬體方面，電腦都相當的進步。發音方面，有各種軟體可以測出你的發音標不標準。只要對著麥克風發音，電腦就能替你判斷標準程度；經過幾次練習後，得分越來越高，評價越來越好。即使是一般人認為很難發的音「γ」和「L」的差別，它也會幫你分辨。有些時候學習者會以舌頭位置很難調整為藉口而不願意接受挑戰。其實只要排除主觀成見，一定能發正確的音。

這種軟體對於擔心自己發音是否正確的人非常便利。而且比請一位外國老師來得經濟。在學習語言時，最好能放下身段，不恥下問，但無論如何都做不到的人，只要對著電腦練習，從很差成績循序上升，成就感不小。

許多光碟片還能以英文來唸文章，語言教材的光碟還透過照片、圖片，甚至活動畫面來輔助教學，學起來相當有趣。還有一種軟體能將你打到電腦裡的文章用英語唸出來，這種軟體對培養實力功效很大。

此外，光碟英英辭典也已在市面上販售。查單字時，即使有音標，對學習者也不太有用，電腦語音辭典卻能教你發音，效果很大。

光碟辭典還具有檢索同類語、衍生語的功能，它能列出類似語，將其用法和意思不同的地方顯示出來，只要你查一個單字，就能學一串相關的單字。在學習英語時，同義字是非常重要的。以英語為母語的學生大抵都備有一本同義辭典，而且經常使用。我們學英語的時候也是一樣，若利用光碟的英英辭典，同時可用來做同義辭典，更為便利。

百科光碟事典也是相當方便的軟體，內含照片、圖片、地圖、音樂等。打開貝多芬那一頁，同時畫面將出現他的傳記和曲目，並從第九交響曲開始播放。

說英語

除了聽錄音帶、看電影、電視外，開口說更是一項培養實力的法門。也許有人認為在日本沒有講外語的機會，其實只要有心，沒有不可能的事。一個人一樣可以練習說英語，你把自己一天做的事用英語寫出來，然後像準備說給別人聽一樣，練習說出來；你也可以自己編一個短篇，一個人隨便發出聲音練習，或者將明天預備做的事，練習用英語說出來都可以。

若朋友之間或家人能配合，那效果就更好了。例如設定在三十分鐘之內，大家只能用英文對話。

不管是你一個人說或者是和大家對話，都不用在乎流不流暢。總之，只要你能習慣用英語表現自己想說的話，就能發展英語的領域。

為了表現自己的想法或希望而學英語，效果將比較好。在閱讀英文書時，你看到的用法和表現方法會在你想用相同情形的英語時，自然在你腦中浮現。在你用英語表達自己的意思時，同樣也擴展了英語的其他要素，這就是雙重效果。

利用英語學校

如果時間及金錢上允許，利用英語學校也有助於學習。聽本國人講英語本來就很難得，宛如到美國去是一樣的。

好的學校會讓學生在聽、說、讀、寫各方面均衡發展。辦各式各樣的活動比單純教會話更有助於學習。

在群體學習中，不必太在乎別人，而要勇於發問、積極發表。不要不好意思，儘量發問。想學好英語，在各方面都得積極。

許多人都以為只要上英語學校一切沒問題。事實上，上學的期間畢竟不長。如果上完課後，自己不聽錄音帶、看電視、練習發聲、閱讀書寫，那完全不會進步。如果在這些努力的前提之下，再到英語學校上課，學校能發揮的功效就大了，並可以給自己的一個定位。

大部份的語言學校都備有各種教材及設備，如錄音帶、錄影帶、光碟軟體等；除了在教室學習外，也要充分利用這些工具，你會發現很多自己沒見過的教材，可以借回家，也可利用學校的設備。反正你已付了昂貴的學費，要好好利用所有的機會。

除了英語學校以外，一般學校中也有許多設備，並且在上課中使用的機率有增加的趨勢，如果你正在這種學校上課，請充分利用這些設備。

3 聯考的英語考題缺點多

剛開始英文文法並不重要

所謂「文法」，是姑且將大家所使用的語言構造，賦與合理的說明，歸納並集其大成之下的產品。這在一般人學習母語的階段完全用不到。在學寫、學讀日文時，並不特別需要日文文法，重要的是充分了解內容，歸納自己的想法後，以日語表現出來的能力。

近年來，關於日本大學是否應該開設日本語的課程，廣為大家討論。目前為止，從來沒有開過為日本人學習日語讀寫的日語課程。在美國，英語的讀寫能力是被要求的。哈佛大學大部份的新生都必須修「Expository Writing」（英語的學習）、「Quantitative Method」（含統計的基礎數學）和「外國語」（對於母語非英語的新生仍要求同等學力，所以留學生很辛苦）。上課內容大都關於英文的分析方法，歸納自己想法後，寫論文時應注意的事項，完全沒有牽涉文法。

話題有點扯遠了，學英語如果限於文法的範圍一定不會進步。即使在英文程度提升後回過頭看文法有些效果，但是幾乎沒學過之前，文法可說完全不具功效。

美國的小學生把「I ate banana yesterday」說成「I eated banana yesterdsy」的大有人在。**不必在乎文法錯誤，只要多聽、多讀、多看、多寫。太在乎文法的錯誤，英文不會進步。**

翻譯妨礙英語的學習

許多人誤以為英語的學習在於英語和日語的互換，只要持這種想法，認為讀、聽英語後會轉換成日語就是能力不錯，那麼，你的英語能力絕對不會進步。

學習英語最大的秘訣在於不將英語切換成日語。用英語學英語、理解英語才是培養實力的捷徑。

在英語的領域發達之後，要和日語的領域互換是一件極容易的事。在英語領域構築過程中就急著和日語互換，將阻礙英語領域的完成。

日本的英語教育，最大的問題就在於學校的老師沒有充分注意到這一點。不論是校內測驗或高中、大學聯考，主要的考題幾乎是「將下列英文翻成日文」、「將這篇文章寫成日文」這類的題目。

英和、和英翻譯本來就不是那麼容易的工作，不應該出現在聯考的考題中。升高中及大學的學生需要的不是像翻譯這種高度的能力，而應該是能夠聽說讀寫，用英語表達自己的意見。

大概很多人認為不可能有這種英語訓練，其實不然。托福即是針對想留美的外國人所做的測驗，完全用英文。透過托福考試很能測出一個人的英語實力，雖然它也未臻十全十美，但卻相當有判定功能，判定想進美國大學者的英語能力。

不知何時日本的高中或大學聯考考卷上能完全不出現日語，如果這樣，日本的英語教育就有所改變吧!?或者，如果日本的英語教學方式能改變，英文考卷上就不會出現日語？

在美國的高中、大學的外語課程中，通常考試題目絕對只有該語言，不會出現英文；法文考試用的全是法文，這是相當普遍的。當然，老師大部份的時間也只說法文。英國的中學教法文的情形也是一樣。日本完全不了解該如何教外語、學外語。大學的英語課已經有改善了，但現在仍有老師認為英語課要教給學生的就是「如何翻譯」，考題也都是翻譯題。**為什麼不能出活一點的題目呢？例如「請簡要寫出下面這篇英文的要旨，並敘述自己的看法」。當然，以英文作答較好。**

英美的語言學校當然只用英語，在日本的英語學校也一樣。即使老師會說日文，大部份上課時仍儘量避免說日語，但為什麼日本的中學、大學都把學習英語的重點放在翻譯上呢？這麼一來，英語領域不發達，無法培養實力。

現實中仍以翻譯題居多，學生如何兼顧呢？我認為還是儘量專心在英語的領域中培養實力，這樣不知不覺中自然就會英日文互換，反正日本的學校一定會逼你不斷的練習。不相信的人只要試著在考前兩個月開始練習就夠了。

補習也有被稱為名嘴的英文老師，他們教學生如何用完美的日文翻譯英文，但打分數的人要求的卻不是完美的日文。他們看的是寫考卷的人有無充分理解英語的內容，至於日文有些不通順則無所謂。不管你用多麼完美的日語來翻譯，如果和英語的內容不合，一樣不及格。

只要將學習侷限在翻譯技巧上，英文能力就不可能進步。

4 透過閱讀來學習

多讀簡單的英語

聽力是學英文的基礎，而閱讀英文書籍也是培養英語實力的重要方法。聽、說、讀、寫各方面互相配合能提高整體的能力。讀不懂英文書就沒什麼意義了。**應該多讀些在自己能力範圍內看得懂的書，內容簡單的書裡面有很多常用的語句，多讀一些後，自然變成自己的東西，進而可以拿來活用。**

反覆閱讀一本書後，一些固定的說法便自然進入腦中，遇到相同的場景也就自然用得上。

讀困難的書反而造成反效果，最好能找到不須查字典就大致看得懂的書。閱讀時千萬不要查字典，也許你看到單字就忍不住，但只是繼續往下看，通常會出現能讓你了解該單字用法的句子，自然而然就明白了。懂該單字的意思和知道該單字等於哪個日文字是兩回事，即使找不到相對應的日文字，只要知道它的涵意就行了，這也屬於用英語思考的方式之一。

太多人誤以為只要常住美國，英語能力自然增加。如果迷糊地在那兒過日子，無論在美國社會住多久，英語的能力進步有限。

同樣在美國當地學校就讀十年以上的學生，英語能力卻不可能一樣。也許彼此間談話沒啥問題，但閱讀書本、用英語表達的功力卻有極大的差別。影響這個程度最重要的因素就是讀多少本書、下多少功夫去理解。

在日本生長的日本人之間，語言能力相差很大。同樣的，在美國生長的美國人，也有程度的差異。那麼，在日本出生並接受一個程度的日本教育後，再到美國的學校就讀的小朋友，也會因學習方法不同而產生相當大的程度差異。沒有人能因為在當地就讀就擁有強大的實力。希望讀者能了解，不斷下功夫，儘量多讀英文書才是訓練自己的方法。

在看電影和電視的同時，看英文書也要注意多涉取各種領域的書。除了小說以外，ＳＦ的書、諺語、漫畫、幽默趣聞、甚至動植物、宇宙、地球、歷史、經濟、政治等都可涉獵。

英文的笑話對外國人來說很難，但只要你多接觸，多看各類書，就能了解他們的幽默。

讀沒興趣的書確實會提不起勁，但是要培養整體的英語能力還是得對各種領域的知識有某種程度的吸收。

多讀自己喜歡的書

雖然告訴大家應該儘量看各方面的書，但是，各方面都大量閱讀也非易事。那麼，**如果是自己喜歡的範疇，看再多也不膩。**以此為著眼點，**你應當可以看很多自己喜歡的書，也許你會有點在乎領域有限，總之，多讀是培養實力不可或缺的，這個原則不會變。**

你在看SF小說時，同時也會接觸到其他的領域，小說和人的想法、人心的變化有關，有時候科學方面的知識和政經方面的話題也會出現，可以拓展各種領域的英語能力。

美國的大學不是各大學各自考試招生，而是交出共同測驗的成績單，並提出散文式的文章或小論文報告。曾有一次論文的題目是「列舉過去一年中讀過的書，並擇一敘述自己的看法」。這意味著，美國大學對入學者的選拔基準之一，是他們讀過什麼樣的書。

下一頁是一個學生在寫入學報告時，列出的一年讀書明細表，連他自己都很驚訝自己平均四天讀一本書，大部份都是SF方面的書籍。總之，多讀自己喜歡的書就沒錯了。

除了書本和教科書外，希望大家也能多閱讀報章雜誌。**在自己的程度範圍內儘量養成以輕鬆的態度閱讀報紙和雜誌。**

開始看英文報紙來了解社經新聞不是那麼容易的事，但漸漸就會習慣了。雜誌和報紙刊載的內容廣泛，科學報導、電影解說等，都可以學習。

閱讀一段時間後，你也會漸漸習慣新聞標題的特殊用法和政治經濟新聞用的術語。訂閱可以推動你去看，送來了自然會看一下，從有些排斥到不看就不習慣是很大的進步。

雜誌方面可以考慮訂閱自己有興趣的領域。政經方面，推薦Time的人很多，

(A) Non-Fiction

1. Thinking Physics : Epstein, Levis Corroll
2. Beyond Einstein : Kaku, Michio and Trainer, Jennifer
3. Fullness of Wings : Dorsey, Gary
4. Relativity : Einstein, Albert
5. QED : The Strange Theory of Light and Matter : Feynman, Richard P.
6. Aha ! Gotcha : Gardner, Martin
7. Aha ! Insight : Gardner, Martin
8. In Search of Srodinger's Cat : Gribbin, John
9. In Search of the Big Bang : Gribbin, John
10. A Brief History of Time : Hawking, Stephan W.
11. Interstellar Travel : Macvey, John W.
12. Time Travel : Macvey, John W.
13. Contact ! - The Story of Early Birds : Henry S, Villard
14. Gossamer Odyssey (The Triumph of Human-Powered Flight) : Morton Grosser
15. Cosmos : Carl Segan
16. Fractal : Roger T. Stevems
17. Structured Fortran 77 for Engineers and Scientists : D.M.Etter
18. You want proof ? I'll give you proof ! More cartoons from Harris : Sidney Harris

(B) Fiction

1. The Hitchhiker's Guide to the Galaxy : Adams, Douglas
2. Life, the Universe and Everything : Adams, Douglas
3. The Restaurant at the End of the Universe : Adams, Douglas
4. So Long, and Thanks for All the Fish : Adams, Douglas
5. Buy Jupiter : Adams, Douglas
6. Kinship with the Stars : Anderson, Poul
7. Earth is Room Enough : Asimov, Isaac
8. I, Robot : Asimov, Isaac
9. Nemesis : Asimov; Isaac
10. Nightfall : Asimov Isaac
11. Pebble in the Sky : Asimov Isaac
12. Prelude to Foundation : Asimov Isaac
13. Robot Dreams : Asimov Isaac
14. The Best Science Fictions of Asimov : Aisac Isaac
15. The Robots of Dawn : Asimov Isaac
16. Across the Sea of Suns : Benford, Gregory
17. Against Infinity : Benford, Gregory
18. Artifact : Benford, Gregory
19. Great Sky River : Benford, Gregory
20. Heart of the Comet : Benford, Gregory
21. In the Ocean of Night : Benford, Gregory
22. Tides of Light : Benford, Gregory
23. Timescape : Benford, Gregory
24. Battle Station : Bova, Ben
25. Future Crime : Bova, Ben
26. Out of the Sun : Bova, Ben
27. The Moon is Hell ! : Campbell, John W.
28. Ender's game : Card, Orson Scott
29. Speaker for the Dead : Card, Orson Scott
30. 2001: A Space Odyssey : Clark, Arthur C.
31. 2010: Odyssey Two : Clark, Arthur C.
32. 2061: Odyssey Three : Clark, Arthur C.
33. Against the Fall of Night : Clark, Arthur C.
34. Beyond the Fall of Night : Clark, Arthur C.
35. Cradle : Clark, Arthur C.
36. Expedition to Earth : Clark, Arthur C.
37. Fall of Moondust : Clark, Arthur C.
38. The Gardens of Rama : Clark, Arthur C.
39. The Ghost from the Grand Banks : Clark, Arthur C.
40. Glide Path : Clark, Arthur C.
41. Imperial Earth : Clark, Arthur C.
42. Islands in the Sky : Clark, Arthur C.
43. The Nine Billion Names of God : Clark, Arthur C.
44. The Other Side of the Sky : Clark, Arthur C.
45. Project Solar Sail : Clark, Arthur C.
46. Ramna II : Clark, Arthur C.
47. Reach for Tomorrow : Clark, Arthur C.
48. Rendezvous with Rama : Clark, Arthur C.
49. The Sands of Mars : Clark, Arthur C.
50. The Sentinel : Clark, Arthur C.
51. The Songs of Distant Earth : Clark, Arthur C.
52. The Deep Range : Clark, Arthur C.
53. Wind from the Sun : Clark, Arthur C.
54. There Won't be War : Harry Harrison & Bruce Mcallister
55. The Cat who Walks through Walls : Heinlein, Robert A.
56. Orphans of the Sky : Heinlein, Robert A.
57. The Door into Summer : Heinlein, Robert A.
58. The Past through Tomorrow : Heinlein, Robert A.
59. The Ship That Sang : McCaffrey, Anne
60. Limits : Niven, Larray
62. Contact : Segan, Carl

但是要讀懂它並不容易，如果因為 Time 而產生挫折感，不如一開始先選擇輕鬆的雜誌。

不要用英和辭典

顧名思義，英和辭典就是英日語轉換的工具，英語和日語本來就是不同的語言，會出現相同的字實在是有點不可思議，頂多能找到類似的同義字。

在讀書時，如果你考慮到不能英和互換，那麼，英和辭典不但沒有用，甚至妨礙學習。在英語領域裡思考時，最好不要摻雜日語，所以最好不用英和辭典。

在閱讀過前後文後，或者整本書唸完後，仍對某些單字不明瞭的話，你可以使用英文辭典。用英語解釋英語並脫離英語的領域，甚至可說是練習用英語思考的好材料。此外，這對學習用英語說明事物也有幫助，英和辭典並非解釋單字，而是介紹與英語單字意義接近的日語。

英英辭典則用來說明該單字的涵意。大部份都是簡短明瞭的短句，可說是教人如何簡短說明事物的範本。在說明的短文中若仍有單字，還可以再查，選擇簡單一點的辭典比較不須查那麼多次。

喜歡用英英辭典後，用英語思考和表現的能力將明顯增強。一般人很容易依賴方便的英和辭典，但若能忍耐而持續使用英英辭典，日後能力將有相當大的差距。

考試前也許有人沒耐性做這種麻煩之事，但長遠來看，這是很重要的訓練。

5 透過書寫來學習

建立英語邏輯

在你練習用英語將自己的思考、感情說出來的同時，用手寫下來也是很重要的。就像自己練習說的時候一樣，將每天發生的事用英語寫出來，也就是寫日記。剛開始光記錄就可以了，但漸漸要把範圍擴大，如社會上發生的事、經濟動向、科學事蹟等，都試著去寫，這樣你英語能力的範疇會越來越廣。

初期只要以簡潔的語句來表現即可。這時候絕對要提醒自己不依賴日語。寫英語時就應該想著英語，否則寫不出像樣的文章。

所謂用英語思考包括建立英語邏輯來書寫。英日文的邏輯構造有些差異，用日語思考而以英語表現是很辛苦的。一邊以英語思考寫出來的文章才會自然。

當然，你用英語表達自己的想法時不能使用字典。用自己所學的英語儘量寫，不會的單字可學英英辭典的原理，用你自己的單字來說明。

如果你希望將來能用英語寫一篇好文章，你現在必須養成整理自己想寫的東西的習慣，用心於讓文章邏輯清晰，才進步得快。

與其想到什麼就寫什麼，不如花點時間思考，理出順序後來寫，效果比較好。日子久了，這種有意識的寫法和不太在乎而信手寫來的方法比起來，差異甚大。

即使你在美國的學校唸了十年書，如果不能有意識地寫英語文章，你的書寫能力不會進步。比起在日本且有意識地思考後再寫，後者較能培養出實力。

注意自己寫文章要重邏輯思考，並非意味著要你寫出文法正確的文章。只要你的英文能力越強，文法程度就會跟著改善，所以在練習文章時，不必在乎文法。

注意英語的邏輯

日本人常被批評寫出來的英語沒有邏輯，我想這還是因為用日語思考直接翻成英語的原因。**寫英語時如果能進入英語的世界思考，大概都能寫出有條不紊的文章來。**

有人主張西洋文明的邏輯傾向較強，東洋文明則有非邏輯性的一面，也許這也有一點關係，但就英語這方面來看，我認為還是因為沒有養成用英語思考的習慣。日語的文章當然也有條理分明的，也有紊亂不堪，根本不知道在說什麼的；同樣的，英語也有一樣的情形，我們在寫英語的文章時，必須注意得比寫日文時更有條理、結構更好。

如果能讓母語是英語的人幫你修改文章，那是再好不過了。即使你用英語思考來寫文章，也常常會有無法跳脫日語模式的部份。在你尚未完全寫出英語式的文章前，越多被修改的機會對你越有利。

你可以拜託學校裡的外國人，也可以麻煩英語學校的老師。

這些人最好能修正你的措詞、英語式的表現方法、想法等，而不是修改文法。反覆一段時間後，你自然能夠寫出英語式英文，而非日語式的英文。同時你要充實你所想寫的文章內容，從聽、說、讀的內容中豐富自己，並運用在文章中，而不光是寫敘述性的日記，這樣，寫的能力才會再進步。

活用網路和電子郵件

最近網路和電子郵件已經相當普及，這個時代可說是利用網路收集世界各種資訊的時代，英語的需要性越來越高。

從網路上可以看到世界各國的著名博物館、美術館的展示物和展覽會；你不用出門就可以存取於各大學圖書館，確認有無自己要的資料或書籍。

此外，你也可以找到世界各地有趣的活動資訊，從網路上直接要資料或申請參加。只要你輸入你的卡號，可以直接向世界各地買東西、向美國的出版社訂購書籍。還可以閱讀世界各地的新聞，參加各種會議並發言。

除了網路以外，我還相當推薦電子郵件，如果能利用 e-mail 交到外國朋友，就可以增加讀寫英語的機會。

如果你不喜歡被認為純粹是因為英語而通信，那麼，你最好找到和對方共同的話題，交換意見。當然如果有人一開始就希望上網找學英語的對象，你就可以配合他了。

喜歡電腦的人多利用這些可以增加練習英文的機會。確認有沒有郵件進來也是一種樂趣，可以使你不間斷的練習。

6 以英語創造專門的領域

在喜歡的領域下功夫

能大量增加英文實力的方法，還是要在自己喜歡的領域下工夫。喜愛文學的人可藉著閱讀各種文學作品、或寫文章、或聽錄音帶來擴展實力；喜歡美術的就讀關於美術的書、喜歡作菜的可以看食譜來作菜，愛唱歌就多記幾首英文歌。

喜歡歷史的人可以讀各種歷史書；對政治經濟有興趣的，除了專門書籍外也可多看看報章雜誌。喜好ＳＦ的人除了多看以外，還可以試著自己寫。

只要是自己喜歡的就不會厭倦，不但可學習英語，還有助於自己專業領域的活動。

沒有喜歡的領域就不太好了。你可以藉由某種機會，試著用點心思找到喜歡的東西，也許鑽研一陣子後變得沒有興趣，這也無妨，只要花時間在某個領域來學英語，都是值得鼓勵的。

不喜歡英語的人通常很難增加實力，因為沒興趣就不會去接觸。

有人抱怨說，根本就不會英語，還談什麼喜不喜歡。這種人最好分析一下自己為什麼無法喜歡英文。有的人說：「進國中後才接觸英文，大部份的朋友都已經學一段時間，所以我根本追不上」；這時候你應該想「他們只是比我先學了一點，差距應該不大，只要我多接觸英文，一定可以趕得上」。

也有人怕發音不標準被老師、同學們笑，這時你應該改變想法，認為他們和你一樣生活在日本，也許他們的發音叫外國人聽起來也很奇怪，甚至不通。

認為單字太多記不起來的人，要改變學習態度，並告訴自己，「不能用日語來記英文單字，多聽幾次錄音帶，用英語思考，這樣自然能理解英文單字的意義」。**總之，你要去除對英語的排斥情結，才會覺得學英語有樂趣**。

「好奇心是一切力量的泉源」，不要忘記保持探求事物的心。

光有英語的知識並不夠

是否有人認為培養英語實力和歷史、科學、推理小說、漫畫等沒啥關係？

事實上，單有英語的知識是不夠的，你必須同時具備歷史、社會、文化方面的豐富教養。**理解英語不光是了解單字的意思和連接，而是要明瞭它所要表現出來的內容，這必須具備社會及歷史背景等知識**。

閱讀小說，如果不能了解人類微妙的心理變化和感情，就無法讀得懂。思考事物必須理性、合邏輯，但除了理性外，人的感情及心理也很重要，沈著豐富的生活方式也是必須的。

英語式笑話及幽默相當困難，這摻雜了社會背景及文化的差異、生活習慣的不同等，並非英語能力強就能體會。但是，透過大量欣賞電影、錄音帶、笑話性節目後，漸漸就能夠了解了。

看推理小說、SF小說要具備些科學知識及想法，培養英語實力需要這些綜合性的力量才能起作用。

想要提高托福的成績，光練習托福考題絕對發揮不了作用。多聽、多說、多讀、多寫，再加上具備各領域的常識，才能培養出整體的英語能力。

關心國外的事物

對外國的事物不關心自然不想學英語。**你可以將自己喜愛的領域和外國的做比較，外國是怎麼樣？為什麼會這樣等，漸漸就會產生興趣。**

如果沒有興趣的話，強迫也無用，但是對什麼事都沒興趣，連想學英語的動機都沒有。我建議這樣的人多看看美國的電影，很多人因而對英語產生興趣。

站在全球的觀點來說，**學習英語能讓我們和世界上的人互相理解，並合作建立一個和平的地球。**

互相理解後能夠減少戰爭的危險。臭氧層的破壞、森林的砍伐、整個地球的溫暖化等問題，都非靠一個國家就能解決。為了全世界國家的合作，必須先克服語言的問題。因此，社會需要口譯、翻譯的專家，而懂英語的人越多，也是非常重要的事！懂英語的人不光是理解語言本身，還要多接觸外國的文化、社會、生活習慣、思考模式。

7 儘量去留學

怎樣的留學才有意義

能有機會到外國學語言是一件很難得的事。從早到晚沈浸在英語的世界裡，自然養成用英語思考的習慣。

然而，留學的成功與否在於每天的生活。並非到外國的學校就能培養英語的實

力。除了預習、復習以外，閱讀相關書籍、寫報告、和朋友深入討論、不懂之處追根究底等，都是培養實力的根本之道。

有空的時候多聽收音機、看電影、看舞台劇。在日本要有意識地思考才能訂定的計畫，到了美國比較容易實現。但若沒有意識到這些努力的重要性，很容易讓時間飛逝而不自覺。

當然，玩也是很重要的事。但是，稍一疏忽時間就浪費掉了。只要在美國的 天，就應該提醒自己儘量利用機會學習。

美國的大學相當積極地招收外國留學生。英語程度的認定以托福的分數為準。每個大學皆有其標準，一般而言，五百五十分是一個基本要求。美國東部八所名校則要求需達六百分左右。實際上，許多學校更要求六百五十分才能合格。

當然，也有比這個分數低一點就合格的學校，但這種情況必須學生在新學期開始前兩個月先接受二個月的義務課程。不要以為你托福考五百五十分就能完全聽得懂上課內容，也能自己進修，最好能在留學前拿到六百分，要進研究所也是一樣。

不論如何，想**聽得懂英文課程、寫報告、拿到學分，皆非普通的努力就能達成。但只是你做到了，就足以充分證明你的英語實力。**

有人純粹為了學英語而出國留學，但既然有機會出去，最好是向各種領域挑戰。在美國，大學裡修廣泛的共同科目是其特徵，幾乎占了畢業學分的一半。而且他們認為大學生最好能在自己有興趣的範疇裡鑽研。如果能夠同時在一般領域及專業領域都下功夫，英語將有驚人的進步。

留學所獲得的還不光是如此而已。你可以親身體驗該國的文化、經濟、宗教、生活、思考模式、習慣。也許有人會說一年能學到什麼，其實能得到的實在太多了。要多方面了解一個國家的各方面，不能只靠學校，而必須參加活動。

英美國家大都規定學生一定要住校，這樣除了本國人外，還能和來自世界各國的學生交流，也許你去美國留學，卻認識了很多亞洲的學生。

留學要準備些什麼

做任何事情都需要準備；特別是留學之前，除了英語能力外，也要多了解該國的情況。

前面也曾提過，如果要到美國留學，至少要看十部以上的美國電影，能夠看各

種領域的電影更好，最好能各看二十部左右。因為它們能呈現給你美國社會過去到現在的各種層面，不論是好的、壞的。

許多人都說美國人持有槍，是個很危險的國家。其實無論在哪個國家都一樣得注意安全。半夜一個人走在無人的街道上很危險，這並非只在美國才須要特別小心。只是你對於陌生的環境要有基本的認識。

在美國有許多特定場所及區域、都市比較危險，但除了那些地區外，其他地方對留學生而言就沒問題了。只是你要去留學前，得先把自己要去的地方了解清楚。

莫忘基本常識

在日本除了觀光地區外，大概很少會在街上看到人拿著照相機照相。看到別人拿照相機，不管哪一個人都會覺得好奇，如果對著路上的行人按快門，恐怕還會遭白眼。

這種普通的常識通常一到外國就容易忘得一乾二淨。即使到了國外也不要在市街上提著照相機，或者對著別人猛拍。

在美國生活的亞洲人很多，平常走在路上，別人也不知你是旅者還是留學生，一旦別人看你拿著照相機，比較容易注意到你。

在日本進入手推式門的大樓時，須回頭看一下後面有沒有人，這是基本的禮貌；在英美，這一點做得更徹底。在日本有許多人頭也不回就鬆手讓玻璃門往後晃，而美國人則一定回頭看一下，這也是一般常識。

這就是美國大學入學英語的程度

進美國的大學需要各種資料。**在判定合格與否的資料中，除了共同測驗的結果外，小品文也占了相當大的比重。**

這裡介紹一下要進美國大學所需的英語程度實例。下面這個例子是一個考生在申請大學時提出的幾篇短文，不論你覺得太難或太簡單，都是一項參考。

●關於艾塞的課題，經常出現如下的問題。

Which book or books have affected you the most, and why?

填入的空間多半受到限制。舉一例加以說明。

What is the ultimate goal of the human race? Is it to form a perfect society, with no wars, no threats, no sufferings, no worries? I used to think so, but not since I read *it Return from the Stars* by Stanislaw Lem. It is a story about a group of astronauts returning from an interstellar journey to what has become the "perfect society." The central theme of the story is vetrization, a procedure to eliminate aggressiveness from human beings. It achieved a stable, safe society, but it also robbed Man's desire to explore, to seek knowledge, to advance. "It killed the human inside the humans," as one character put it. The new society, content and afraid of change, has completely lost its interest for any kind of exploration.

I have always been excited about space flight. I cheered as Space Shuttles blasted off, cried as Challenger made its last journey, watched eagerly as pictures of Neptune were released. But I never could say why we have to do it. I just felt that we had to. This book gave meaning to it, at least in my mind.

The book helped me understand our ultimate goal to seek knowledge, to explore. After all, that is the only thing that sets us apart from other animals. Science, too, has had a new meaning to me since then. As astronaut Michael Collins said, "It's human nature to stretch, to go, to see, to understand. Exploration is not a choice, really, it's an imperative."

①

大致上是以下的意思

所謂人類的最終目標是指什麼呢？難道是去建造一個沒有戰爭、暴力、疾苦、憂傷的完美社會嗎？我自己本身曾經那麼地想過，但是當我讀了斯坦尼斯羅·雷姆的『自星球歸來』這本書之後就不那麼想了。這本書是敘述自星際旅行中回歸「完美的社會」的一些宇宙太空人的故事。整個故事的中心主題意識是除去來自人類的攻擊性成分法的施行術。雖然實現了安定、安全之理想社會，但是在此同時卻也將人類那種想要探討、求知、向上的慾望剝奪殆盡。其中有人說：「這將人類當中所存有的本性抹殺掉了」。為了滿足於這個新的世界，害怕改變的心理，對於任何探險都興趣缺缺。

我本人一直對宇宙航行非常感興趣。太空梭升空時所帶來的喜悅，挑戰者號爆炸事件讓我哭泣，熱忱地觀著海王星的新景象，這些都讓我感動不已。而我從來沒想過為什麼要做這樣的探險活動，只是深深感受到這是非去做不可的事情。透過這本書感覺到似乎可瞭解其意。這本書使我們了解到大家在求知、探險上的終極目的。結局中透露出人類和其他動物不同之處。

自閱讀那本書之後，使我開始重新思考一些有關科學上意義的問題。宇宙太空人麥可·考林史說了以下的話：「伸出雙手雙腳，走向外邊的世界，去看它、去了解它。那就是人類的本性。探險不是選擇上的問題，它是一項義務」。

②

以課題的觀點尋求重要的評論例文當中，時常發現類似以下的東西。

「想詢問您一些您個人方面較清楚的特徵。希望您寫下，對您而言一些最直接且重要的事情。這選一個或二個話題，並寫下大約五百字左右的感言。比如說，寫一些有關您的家人、朋友，還有其他一些對您造成很大影響力的人也可以，甚至可寫一些您在高中時所發生過最棒及最菜的事情，以及可寫下您居家環境最近的變化，或曾經去國外旅遊、居住的一些經驗。此外，您個人所感興趣的種族、政治、社會方面的問題也不錯。您是如何將您求學或求學以外的經驗活用、利用於您人生目標的設定上呢？您的朋友及家人對您說了哪些勵志的話呢？什麼樣的經驗、思想及過去的體驗，至今對您還有影響呢？請寫下您旳經驗談。」

舉艾塞的例子來說明這樣的課題。

"Hey! Look at the stars!" shouted a girl in the back. I was in a bus, on a ski trip of my Junior High School. It was around midnight, and while some were already asleep, most of us were just too excited to sleep.

I had almost succeeded in falling asleep when she shouted and sat up in annoyance. Well, I thought , let's see what she's so excited about. Wiping the dew with my hands and shading my eyes from the interior lights, I peered through the foggy windows. It was just the same old night sky; it was certainly not an impressive one. I was fully awake again, so I continued to look. Then, as my eyes adjusted to the dark, the sky suddenly lit up with thousands of stars!

I remember shouting something incoherent, waking up

③

some people around me. Having spent most of my life in the city, I was used to the night sky dotted by a dozen or so stars. But this sight seemed almost impossible that so many stars could fit into the sky. And the blackness of the sky! I had never seen such a dark sky, a sharp contrast to the blazing stars; the hazy sky of Tokyo was nothing compared to this view.

"Is that the Big Dipper?" someone asked. I looked around; I had never seen the real thing. Indeed, there was the exact arrangement of stars, but it seemed too big to the Big Dipper. "Yeah, that's the Big Dipper," someone ansered. Why had I been so blind, I thought, to ignore such a beautiful thing as the night sky? I must absorb all the beauty during the two nights in the mountains, I decided.

As the bus moved on, however, the gray clouds began to fill the sky. A light shower started, and very soon the sky was filled by falling snow. Everyone awake cheered except me. For two days, snow continued to fall, and the stars stayed behind the gray sky. I did enjoy skiing and being with my friends. But for me, those few moments in the bus were the highlight of the trip.

Since then, I've always looked up, sometimes with my telescope. It's not the beauty of the stars that kept me, though. Nor is it the challenge of locating hard-to-find objects or the hope of discovering a comet. It is the thought that I'm looking at other worlds, other suns, other galaxies. The beauty of the great Orion nebula comes from the thought that new suns are being born there. When I look up with my own eyes, I can feel myself as a part of the universe.

I used to love mystery and detective stories. I coulden't stand unsolved queations and I couldn't stop once I started reading. The process of solving the problems thrilled me. I think that is why I like astronomy. After all, it's the greatest and most exciting in the whole universe!

④

大意如下：

「等一下！來看星星」，坐在後面的一位女學生大叫。這是國中去旅行時在遊覽車內發生的事情。是什麼事讓那位女學生那麼興奮呢？這讓我不禁也向了窗外看。我一邊擦拭著附著於窗上的水滴，一邊揉著惺忪的雙眼，一直凝視著如霧罩般的窗戶。可是，夜晚的天空跟以前一樣沒什麼不同，任何特殊的景物都看不到。等我定下神仔細凝望時，在眼簾變得一片灰暗的當兒，看到天空中數以千計的星光在閃爍，讓我憶起那天沒有理由驀然地驚叫，而將周圍的朋友都喚醒的夜晚。因為從前都一直在同一個城鎮長大、生活，只看過天空寥寥可數的幾顆小星星。所以那滿佈星辰的夜空，帶給我們相當的震撼，不禁令人思索那麼多的星星是如何貼在天空上的？而且，天空是那麼地陰暗。從前從來沒有看過那麼暗的天空。陰暗的天空和閃耀的星星巧妙的搭配，其彼此間的對比是如此地鮮麗動人，那是東京澄靜的天空所無法比擬的。

「那是北斗七星嗎？」不知道是誰在問。放眼望去，自己也從未看過真正的北斗七星。剛好星星並排的形狀是以北斗七星的形狀排列著，但是如果說是北斗七星的話，看起來似乎大了些。「是啊！那是北斗七星啊！」不知是誰這樣回答著。此時不禁

⑤

感嘆，為什麼以前都沒有注意到這麼美的夜空。因此下定決心，好好地利用在山上的兩天時間來吸收山上的美景。

但是，就在巴士移動時，灰色的雲將天空給籠罩住了。我想應該要開始下小雨了。然而，卻又馬上下起雪來了。大家都非常高興地睜開了雙眼，可是我卻高興不起來。這整整地兩天都繼續下著雪，星星被灰暗的天空所掩蓋了。那天和朋友一起滑雪，渡過快樂的時光。但，對我來說，在巴士上的點點滴滴，是我這趟旅途中最有意義的回憶。

自然那次旅遊歸來，我常會不由自主地仰望天空。偶而會用自己的望遠鏡來看。但是，現在仰望天空的目的，不光只是為了星光之美。意圖試著找尋那一直找不到的東西，或許可因此發現彗星也說不定。因為我想我正在看另外的世界、另外一顆太陽、另外一座銀河系。當我一想到在獵戶星上產生了新的太陽時，天空看起來更美了。用肉眼仰望天空時，我能夠感受到自己是宇宙的一部份。

我喜歡一些不可思議的事物，以及偵探小說之類的東西。對於無法解讀的疑問，我無法忍受，看過一次就無法阻擋我再看。尤其是在解題的過程特別有意思。我想這就是我喜歡天文學的理由吧！總而言之，天文學是全宇宙最有意思的東西！

⑥

第十一章

以發揮「數學式思考」之方式來訓練腦力的竅門

1 以積極的態度面對所有的事

凡事向後看是什麼都看不到的

思考過去發生失敗的原因是很重要的，但是一直停留在失敗的原點不再向前衝的話，是無法進步的。將失敗的原因作為今後的生活、生存方式、讀書方法的檢討，這種積極向上的想法是不可或缺的。**在思考今後應該何去何從的當兒，發揮反省過去失敗所得的教訓即可。**

以現今的科學技術，或許永久都無法將時光倒流。像電影「回到未來」一樣，如果能過去與未來這樣來去自如的話，那真的很有意思；但是，事實上卻是不可能的。人生就只有一次，無法將現在的時間停止，寶貴的光陰就這樣一點一滴的流逝。一旦事情發生了，就不可能讓它消失或變更，也不可能會回復。

就因為如此，我們更應該好好把握可使用的時間。今後的事象，未來的生活規劃等，若無法好好地掌握，會看不到未來的。

總而言之，先付諸行動再說

完全不經大腦思索，馬上就就付諸行動的「勇往直前」，是很令人傷腦筋的。然而，光只是想卻不去做，同樣也很讓人頭痛。不管想得如何地週到都有其一定的界限，而且並非要照著自己所想的那樣去做。

因為付諸實行時必須要考慮到有別人的存在，情況也並非一直靜止不動，有時會想錯一些事情，這些都是沒有辦法的事。總之，在付諸行動之際，會有新的狀況產生，況且，通常新的想法將浮現腦際。透過針對某種對象來行動時，多多少少會有一些反應回應回來；就算那些回應如同預期一般，或者完全跟預期的反應不同，我們還是可以從那裡得到下一個行動的指標。那樣會比光想而不去做要多獲得許多豐富的判斷資訊。因此，對下一個思考案來說，也會更深入地去實際行動。

縱然事物並非那麼單純，但是錯不了的是，與其光想而不去實踐，不如一邊去實踐一邊去思考，要來得有建樹多了。

在唸英文時也是一樣，每天聽一小時簡單的學習帶，如此持續一個月的話，我曾聽說英文能力將大幅進步。但是，應該有很多人會懷疑「真的嗎？」或藉口「沒時間啦！」而不去付諸實行的人也不少吧！然而，我們應先實踐看看。

很多事情都是因為做做看、實行看看，才開拓出來新的視野。起而行去做某一件事，雖然在實踐的過程中需要相當的勇氣，但有時會「比想像中要來得容易」，在鼓起勇氣試做看看的心理下去實踐，甚至有時會比想像中要簡單多了。有時甚至會發現一些超乎預期中的新事物。照理來說應該有很多人會這麼想：「要是早一點做的話就好了！」

聽說「看十本簡單的英文書籍的話，英文能力將大有進步」，但是還是會有很多人找藉口說：「真的嗎？」「沒時間看啦！」終究還是未付諸行動。然而，首要條件還是要實際地去付諸行動，藉由行動的付出而拓展新世界。

希望大家好好地珍惜那發現新事物的喜悅。知道有新世界而不去感受的話，那就完了。或許受到外在新的刺激很難產生感動，但自己實際去行動所獲得的新事物，是可以感受到它的新穎的。

訓練您「數學式思考」的問題⑯

從 1997 年 4 月開始，實行多年的百分之三的消費稅漲到了百分之五（這是高唱反對消費稅的議員通過的法律）。

因此，目前含稅之一萬圓的商品，由於消費稅上漲了百分之二，必須再加 200 圓的消費稅，也就是一萬零兩百圓。這個計算式是否錯呢？稅是不是多付了？

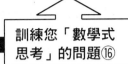

解答・解說

這是一項錯誤的計算。只要好好地想想看，目前含稅的價格是一萬圓即可。當我們想想看稅付了多少時，我們可得知以下的計算式。由於一萬圓是超過商品價格的百分之三，因此商品的價格如下：

$$（商品價格）\times 1.03 = 10000（圓）。$$

$$（商品價格）= \frac{10000}{1.03}$$

這個金額並非 9700 圓。由於消費稅已漲到了 5%，所以含稅應支付的價格如下。x

$$（商品價格）\times 1.05 = \frac{10000}{1.03} \times 1.05$$

照此金額來計算的話，應該是 10,194 圓，如果付 10,200 圓就付太多了。

如此，不管是算比例或是百分比的問題，有一件事情很重要，就是將原本的量給弄清楚。

2 有理性的思考

考量事物的來龍去脈

所謂理性地思考事物是指以冷靜的頭腦來咀嚼眼前的問題及材料，調查事情發生的來龍去脈，檢視相關的事物，並參考他人的書籍及想法，分析之後再加以統合的作業。

將每件事的相關點都以謹慎的態度來看待，並非要一步登天，有規則性的整理，讓每個人都懂，最後再融合自己的想法，這就是有理性的思考。

相反的，以事發當時的氣氛，完全地感情用事，只專注於自己喜歡的部份的話，那會對人不具說服力的。前提馬馬虎虎，只會拼裝巧飾對自己方便之處，就算再怎麼喬裝都無法讓聽的人接受。

擁有看破謬論的眼光

在這個世上有許多情況是以三段論法的推論方式來說服他人。而且和「大風一吹，桶店就大發利市」的論調相提並論。凡世中的理論並非都像數學的理論那麼單純。通常 $a=b$, $b=c$ 的話，$a=c$ 這個結果以數學的角度看來是正確無誤的。然而，一般來說，在日常生活當中卻並非那麼單純。不管是在a當中或者是b當中都會彼此摻雜著各種要素，但是其中的某一部份有共通性存在，有時候我們可以說 $a=b$。當 $b=c$ 的時候亦同。那是意味著有某種側面之共通性。當 $a=b$ 中的共通性與 $b=c$ 中的共通性完全不同時，$a=c$ 就不具任何的意義了。

就是在那種時候會讓人感覺到似乎格格不入。**但是，當別人快言快語地充滿自信時，雖然不知道到底是哪裏奇怪，可是也會有無法反駁的時候。因此，在當時必須好好地仔細重聽一次，並檢視每個理論之間的關連性。**

當自我分析卻找不出錯誤的論點時，只要「現在雖然對您所提出來的論點無法反駁，但是總感覺不知道哪裡怪怪的，我想謹慎地檢討一下」，做這樣的訴求即可。對於無法吻合的結論，藉口因提不出反駁的論調就此接納的話，是危險的！

訓練您「數學式思考」的問題⑰

如下所示，將公式變化一下是否能證明 2＝3？

倘若 a＝1 的話，2a＋3＝5，而且 3a＋2＝5。由於 5＝5 是一定成立的，所以 2a＋3＝3a＋2。將 2 和 3 移項時，公式就成了以下的模式

$$2a-2=3a-3。$$

將公式左邊用 2 括起來，右邊用 3 括起來，可得到以下的公式。

$$2(a-1)=3(a-1)。$$

在此將兩邊除以(a－1)，便可得到 2＝3。這計算當中，是那兒算錯了呢？

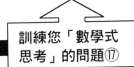

解答・解說

第一次看到這種問題的很多人都找不出是錯在哪裏？其實我們把問題弄簡單一點，$2\chi=3\chi$的兩邊用χ來除就好了。

先將 $2\chi=3\chi$的左右兩邊交換成 $3\chi=2\chi$，從兩邊減去 2χ，此時$\chi=0$。如此，$2\chi=3\chi$的兩邊用 x 來除時便會得到 $2=3$ 諸如此類之奇怪的結果。

以上的問題是 $a=1$，所以$(a-1)=0$。以 0 來除的結果會導致$2=3$這樣錯誤的結果。

問題是以 0 來除這個重點，我們必須要去注意的是 0 不能做除法的計算。

首要的條件是，在變更公式的時候通常會忘記一些規則，因此，這點是我們所必須要去注意的。

我們要對直覺這種東西下什麼樣的定論呢

在決定結婚對象的時候，或許需要「就是他（她）」這種直覺。在發現新事物，或作決定時，都需要這種直覺，但要讓這種直接的感覺發揮功效，往往需要相對的知識及經驗的累積。在完全沒有實力的情況下，是不可能有那種「眼睛為之一亮」開竅的感覺。

以直接的感覺將所感觸到的事物，以理性的方式來思考，並定位於自己的體系當中，這點是很重要的。這種以直覺所獲得的東西需要從各種角度來檢討，從時間的考驗中等各種相關因素去分析看看結論是否有錯，並且需要一邊去聽取他人的意見，一邊去做確認的工作。不要一時的感情衝動，如果缺乏冷靜、有條理的思考，光憑直覺來做的話，是十分危險的。

讓我們來將隨機取樣的許多小學生之資料收集起來，並調查身高與數學能力間的因果關係。理所當然地，身高愈高者年級愈高，數學也就愈厲害。因此，身高與數學解題之間有其相關的關係存在。

於是，「身高高與會數學之間有因果關係存在」，其實這種結論是錯的，這是不管任何人在一開始就會意識到的問題。

但是，類似於此種論調在我們實際的生活中普遍被採用，這些都是值得我們去注意的。有時使用的人沒有去注意到，將相關關係與因果關係混為一談，居心不良者潛意識當中意圖將自我主張正當化，因而故意將相關關係與因果關係調包。希望這點要多加注意。

3 以謹慎的方式看待問題

對所有事情都抱持著謹慎的態度

對別人所說的話都完全相信，這種老實人雖然難能可貴，但是在這個世上光靠老實是無法生存的。

相反地，狠下心來，「對所有事情都抱持著謹慎的態度」則比較安全。或許有人認為，不相信別人所言是很失禮的事。但是，事實上這是在尊重對方。有時候說話者所說出來的話未經深思熟慮，說了不恰當的話，如果聽者當真，那就很傷腦筋了，要真正看透事情的真相還真困難。

在日常生活的瑣碎閒話家常中，似乎沒有必要去一一地懷疑別人。然而，基本上在演講會上所聽到的、或是政見發表會、政治討論會、經濟預測等場合所聞，都最好是抱持著懷疑的態度。

如果說「什麼事情都懷疑即可」這種說法太過牽強的話，我們也可換種說法，那就是，「以謹慎的方式看待問題」。**這並非要你去對每件事情追根究底，只是希望你能用較慎重的態度來處理諸如為什麼會這樣？為什麼會有這種結論出來？等問題。**

看書的時候也一樣。有許多人會誤會，認為都印刷成冊了，「應該不會造假才是」。當然，我們要去一一地確認某些主張的根據是不可能的，但是在檢視過資料的可信度、理論的組合方式等之後，如果對此有疑點產生的話，不要太過馬虎，重要的是，不要馬上去相信它。

不懂並非羞恥的事

有時在一對一的情況下明明可進行質詢，但是往往會由於當場有他人在而難以啟口。然而，在這種情況下還是鼓起勇氣提出你的疑點比較好。**不懂並非一件羞恥的事，明明不知道還假裝很懂的樣子才是羞恥**。當然，有時也要看時間、地點及四周的情況而定。如果有那樣的疑慮卻不去問的話，以後就必須要靠自己來解決問題，若一直置之不理是不會有進步的。

有關統計、數學、英文的話題方面，只要將它們想成是大概相同的水準即可，其他的人也一樣，有很多時候也都是不太懂的。

偏差值這個東西，一般是在重考班中常被拿來使用，其實除此之外，在學校以及各種考試、調查結果的合計方面也時常被採用。它的計算方法及意思並非那麼困難，但是對不熟的人來說也有它的困難之處。對於偏差值這個用語，如果有說不清或不理解之處，你可以提出「這是怎麼算的，這個想法是怎麼來的？」諸如此類的問題，這一點兒都不可恥。然而，或許揭露說話者或作報告的人之短處可能對當事人造成困擾也說不定，但是往遠處想，這也是情非得已。

多沈澱一些疑點

不管是看書也好、閱讀報章雜誌也好，還有在聽別人說話或看電視時應多抱持著謹慎的態度。多累積一些疑問的話，在日常生活當中，亦或是閱讀其他書籍、聽別人的說詞時，很多時候您所抱持的問題會自然地獲得解法。

自己多累積一些疑點的話，當有關那個疑點之相關事物被導入時，馬上就會有強烈的反應發生。這跟從來不去動腦思考的人比起來，在對事物的捕捉方式之深度上會產生很大的差別。我們可以這麼說，將天線往多方向延伸的話，光是掛在天線上的東西就自然地變多了。

多抱持著疑問，而且能夠樂在其中的話，那真是最好不過了。對日常生活中的瑣事也多動動腦找出它的疑點所在，對自然界的現象、人們的各自想法、行動等就算是有一點小小的發現也可以去思考它，找出它的疑點，並且樂在其中。這和小朋友看事物的態度是一樣的，小朋友常會問：「這是什麼？為什麼？」而且多去懷疑、思考，跟鍛鍊腦力、激發潛能是有很大的關係的。

雖然說沒有必要將所抱持的所有疑難雜症一一的解決，沒有必要去一一地尋求解決，但是一直沈澱在心中的疑問有必要去一探究竟，試圖去解決看看。

從各方面去著手，將問題範圍縮小，收集資料、分析情報，閱讀一些相關的書籍，多聽別人的建議，深入地去思考。在這些努力的過程當中，你會發現，有一股無形的力量在支撐著你。

有很多大學生在寫畢業論文的時候，會由於透過這樣的思考活動而激發出一股前所未有的潛能。經過這種活動過程所獲得的能力及經驗，絕對不是在課堂上或書本上可獲得的。

有關畢業論文主題的選定，最好是自己認為有疑點的地方，而且有興趣去尋求解答的題材較恰當。如果是這樣選出來的題目，自己會很主動積極地尋找資料。相反地，倘若是老師替你選的，不但會索然無味，而且會有種基於無奈而勉強去做的心理，最後終究會導致失敗。

自己在發現疑點，有心要去解決的時候，這時你已經找到了解決之道，自己可鞭策自己去做，此時你的能力也獲得了提升。

4 辯論研討會的相關建言

所謂的辯論研討會是指什麼

一對一或一對多，甚至多對多都可以，所謂的辯論，簡單地說，就是「研究交談」，也可說是一種「討論會」，甚至可說是一般的日常會話。

然而，在日本，談到辯論研討這個字眼，大多範圍都被限定住了。在日本，大多是指對於某個議題，有兩個對立的意見彼此來辯論，以追求更上一層的理解度，而且多用於有某種深度的研討會。

在辯論時重點是要如何舉證去跟對方的論點比較，如何針對對方的想法來主張自己的意見。更重要的是所提出的內容，彼此對於爭議的內容了解有多深。是為了辯論而辯論。

積極地去創造討論、辯論的機會

一般來說，在日本的國中及高中並沒有機會接受辯論這方面的訓練。然而，在美國的學校課程的設計上就會有很多機會去學習有關辯論的技巧。美國的學生會比較勇於發言，也是跟其所受的教育方式有關係。

一般而言，在美國，如果不積極地努力闡述自己的意見者是不受好評的。不管你在筆試中的成績是如何地突出，如果在上課時沈默地不發一語，很容易被老師認為你「是不是什麼都不懂？」、「是不是一點自己的想法都沒有？是不是不知道要怎麼發表？」如果有打算要去美國留學，必須心裡要先有個底。

透過辯論、研討能力的訓練，可使你能夠謹慎地使用字詞的涵意，可將前提條件先弄清楚，然後再將所獲得的資訊，所清楚的事項弄明白，再多聆聽一些意見，自己也多參與批評，如此便能知己知彼，百戰百勝。

在日本也有某些大學開始著手這方面的訓練，但是如果在國中及高中能夠增加**這種辯論的機會的話更好，儘可能是自校舉辦類似的活動是再好不過了。**

要多累積辯論的實力，首先應多聽聽別人的言談。不去好好地理解對方所說的話，光自說自話是不會對自己有所幫助的。

好好地去消化對方所使用的語彙含意，對方所主張之理論的根據、資料，對方理論的組織方式等，接著再將所消化的內容與自己的主張相較，最後再闡述自己的意見。

有時會跟自己所預想的結果不同，這也是沒有辦法的事情，像這種時候能當場冷靜地思考、謹慎地判斷。

辯論的目的不在駁倒對方

以豐富的知識及思考周密的理論使對方的理論露出破綻，只強調自我的優越性等，這些都不是辯論的目的。

辯論的目的在於好好地聽取對方的想法，理解對方的理論構造，知道自己忽略之處在哪裡，學習新知，從學習當中再重新創造出自己的新構想，並養成一顆謙虛的心。

如果你無論如何都想反駁對方的話，要先仔細聽好對方的想法，而且不是在自我的領域範圍內提出反駁，是在對方的領域範圍內展開理論，如果未站在對方的立場著想，未考慮對方的心情而提出反論的話，是不會獲得對方認可的，而整個辯論也失去其實質上的意義。

有時並非是在辯論的場合，兩個人或數人一起交談時，有種人光說自己想說的話，對於對方所說的話卻是一點也聽不下去。

如果這種情況一直持續下去，屆時將沒有人願意跟那種人在一起。最好想到，當自己有很多言論欲發表時，對方也有很多話想說比較好。會話的過程中在傳達彼此的意思及希望的同時，在人生當中也是值得高興的一個過程。為了保留會話的機會，彼此有必要去聆聽對方的意見、看法。**為了使自己成為善於談吐的人，必須要有耐心去聆聽別人的言論，並成為一位好的聽眾。**

生活在現代社會中的我們，在人際關係也好、亦或是其他方面，很容易會有壓力產生、累積。在很多的情形下必須找人吐吐苦水來解消壓力、煩悶。因此，平時就要交一些能訴衷曲的朋友，當然，最好的方法就是作一位好的聽眾，多聽別人說話。

擺出想去理解的姿態

不管對方是否有心去理解，別人是否接受，有時會有一口氣將自己想說的話說完就算了。「啊！解脫了」這種情況產生。在這個時候，你可能會不去一一追根究底，發表意見或給予忠告。但是，**一般人通常都會去徵求別人的同意，希望別人能夠理解、接受。那個時候，必須要擺出你認真理解的態度**。

跟對方的想法不合時，一定要說出自己的想法，有時還會有所爭論，最後不得不採取其意見。而且有時候就算自己無法接受，最後還是不得不同意。

特別是家庭中，親子、夫妻之間常常有需要妥協的時候。「夫妻臉」這句話或許就是因為彼此長久生活在一起，因而習慣了對方的生活步調而產生的吧！

有時在親子、或夫妻之間必須堅持自己的想法。**不管在何種情況之下，如果有「對對方言聽計從，不會無端生風浪即可」這種想法的話，腦筋會不靈光**。

表面上看起來似乎可維持整個家庭的和諧，但是這種刻意去維護的秩序很容易瓦解。可能有時候需要大小聲來爭論。「就是因為感情好才吵架」，這句話表現出人生真實的一面。因此，還是常常要有「站穩腳步主張自己的想法」的生活態度。

5 看待事物的態度要樂觀，但是要冷靜

有人在看待一件事情的時候，往往光會去想它悲觀的一面。以慎重的態度來看待事情是必要的，而且要替自己預留空間，以備不時之需。但是，倘若光去想事情不好的一面，生活態度將變得消極，無法再往前跨越一步。

如果發覺自己陷於那種狀態的話，應即時自行修正軌道的方向，對事情的看法也會日趨樂觀。

如果自己身陷於那種狀況而不自知，那實在是很可悲。周圍的人如果會給我們忠告還好，倘若一個人悶悶不樂愈來愈悲觀的話，那是會生病的啊！

自己要常常去關心自己心靈上的健康狀態，如果很不幸的，真要讓你碰上不好的事情時，我們有必要去調整一下自己的心態，以「對了！我不應整天鬱鬱寡歡，我應該以樂觀的態度去面對它！」的心情去克服。也就是說，不要一直被過去失敗

的經驗所困擾。

而且，自己要時常留意，不去累積壓力，要自己找機會、想辦法去將壓力排解出來。去做運動、找個自己有興趣的事情埋頭苦幹、找個能讓你傾吐的對象。總之，自己要先去想好排除壓力的方法。

6 讓我們擁抱未來的夢想

我們發覺到，人不管到了幾歲還是有未來的。未來充滿了諸多的可能性。如果對未來沒有憧憬的話，頭腦是會生病的。由於**對未來充滿著豐盈的憧憬，頭腦因此而受到了刺激，進而靈活運用**。如果不對頭腦做一些刺激的話，頭腦會停止活動，進而遲鈍。

讓我們一起來擁抱快樂的夢。人生看似長遠，實際上卻很短暫。但是，換個角度來看，人生看似短暫，實際是長遠。現在開始來擁抱夢想絕對不會太遲。

讓我們一起來構築未來的夢！

大展出版社有限公司
品冠文化出版社

圖書目錄

地址：台北市北投區(石牌)
致遠一路二段12巷1號
郵撥：0166955～1
電話：(02)28236031
28236033
傳真：(02)28272069

・生活廣場・品冠編號61

1.	366天誕生星	李芳黛譯	280元
2.	366天誕生花與誕生石	李芳黛譯	280元
3.	科學命相	淺野八郎著	220元
4.	已知的他界科學	陳蒼杰譯	220元
5.	開拓未來的他界科學	陳蒼杰譯	220元
6.	世紀末變態心理犯罪檔案	沈永嘉譯	240元
7.	366天開運年鑑	林廷宇編著	230元
8.	色彩學與你	野村順一著	230元
9.	科學手相	淺野八郎著	230元
10.	你也能成為戀愛高手	柯富陽編著	220元
11.	血型與十二星座	許淑瑛編著	230元
12.	動物測驗—人性現形	淺野八郎著	200元
13.	愛情、幸福完全自測	淺野八郎著	200元
14.	輕鬆攻佔女性	趙奕世編著	230元
15.	解讀命運密碼	郭宗德著	200元

・女醫師系列・品冠編號62

1.	子宮內膜症	國府田清子著	200元
2.	子宮肌瘤	黑島淳子著	200元
3.	上班女性的壓力症候群	池下育子著	200元
4.	漏尿、尿失禁	中田真木著	200元
5.	高齡生產	大鷹美子著	200元
6.	子宮癌	上坊敏子著	200元
7.	避孕	早乙女智子著	200元
8.	不孕症	中村春根著	200元
9.	生理痛與生理不順	堀口雅子著	200元
10.	更年期	野末悅子著	200元

・傳統民俗療法・品冠編號63

1.	神奇刀療法	潘文雄著	200元

2. 神奇拍打療法　安在峰著　200 元
3. 神奇拔罐療法　安在峰著　200 元
4. 神奇艾灸療法　安在峰著　200 元
5. 神奇貼敷療法　安在峰著　200 元
6. 神奇薰洗療法　安在峰著　200 元
7. 神奇耳穴療法　安在峰著　200 元
8. 神奇指針療法　安在峰著　200 元
9. 神奇藥酒療法　安在峰著　200 元
10. 神奇藥茶療法　安在峰著　200 元

・彩色圖解保健・品冠編號 64

1. 瘦身　主婦之友社　300 元
2. 腰痛　主婦之友社　300 元
3. 肩膀痠痛　主婦之友社　300 元
4. 腰、膝、腳的疼痛　主婦之友社　300 元
5. 壓力、精神疲勞　主婦之友社　300 元
6. 眼睛疲勞、視力減退　主婦之友社　300 元

・心想事成・品冠編號 65

1. 魔法愛情點心　結城莫拉著　120 元
2. 可愛手工飾品　結城莫拉著　120 元
3. 可愛打扮&髮型　結城莫拉著　120 元
4. 撲克牌算命　結城莫拉著　120 元

・法律專欄連載・大展編號 58

台大法學院　法律學系／策劃
法律服務社／編著

1. 別讓您的權利睡著了(1)　200 元
2. 別讓您的權利睡著了(2)　200 元

・武術特輯・大展編號 10

1. 陳式太極拳入門　馮志強編著　180 元
2. 武式太極拳　郝少如編著　200 元
3. 練功十八法入門　蕭京凌編著　120 元
4. 教門長拳　蕭京凌編著　150 元
5. 跆拳道　蕭京凌編譯　180 元
6. 正傳合氣道　程曉鈴譯　200 元
7. 圖解雙節棍　陳銘遠著　150 元
8. 格鬥空手道　鄭旭旭編著　200 元

9.	實用跆拳道	陳國榮編著	200 元
10.	武術初學指南	李文英、解守德編著	250 元
11.	泰國拳	陳國榮著	180 元
12.	中國式摔跤	黃　斌編著	180 元
13.	太極劍入門	李德印編著	180 元
14.	太極拳運動	運動司編	250 元
15.	太極拳譜	清・王宗岳等著	280 元
16.	散手初學	冷　峰編著	200 元
17.	南拳	朱瑞琪編著	180 元
18.	吳式太極劍	王培生著	200 元
19.	太極拳健身與技擊	王培生著	250 元
20.	秘傳武當八卦掌	狄兆龍著	250 元
21.	太極拳論譚	沈　壽著	250 元
22.	陳式太極拳技擊法	馬　虹著	250 元
23.	二十四式 三十二式 太極 拳 劍	闞桂香著	180 元
24.	楊式秘傳 129 式太極長拳	張楚全著	280 元
25.	楊式太極拳架詳解	林炳堯著	280 元
26.	華佗五禽劍	劉時榮著	180 元
27.	太極拳基礎講座：基本功與簡化 24 式	李德印著	250 元
28.	武式太極拳精華	薛乃印著	200 元
29.	陳式太極拳拳理闡微	馬　虹著	350 元
30.	陳式太極拳體用全書	馬　虹著	400 元
31.	張三豐太極拳	陳占奎著	200 元
32.	中國太極推手	張　山主編	300 元
33.	48 式太極拳入門	門惠豐編著	220 元
34.	太極拳奇人奇功	嚴翰秀編著	250 元
35.	心意門秘籍	李新民編著	220 元
36.	三才門乾坤戊己功	王培生編著	220 元
37.	武式太極劍精華 +VCD	薛乃印編著	350 元
38.	楊式太極拳	傅鐘文演述	200 元
39.	陳式太極拳、劍 36 式	闞桂香編著	250 元

・原地太極拳系列・大展編號 11

1.	原地綜合太極拳 24 式	胡啟賢創編	220 元
2.	原地活步太極拳 42 式	胡啟賢創編	200 元
3.	原地簡化太極拳 24 式	胡啟賢創編	200 元
4.	原地太極拳 12 式	胡啟賢創編	200 元

・名師出高徒・大展編號 111

1.	武術基本功與基本動作	劉玉萍編著	200 元
2.	長拳入門與精進	吳彬　等著	220 元

3.	劍術刀術入門與精進	楊柏龍等著	元
4.	棍術、槍術入門與精進	邱丕相編著	元
5.	南拳入門與精進	朱瑞琪編著	元
6.	散手入門與精進	張　山等著	元
7.	太極拳入門與精進	李德印編著	元
8.	太極推手入門與精進	田金龍編著	元

・道學文化・大展編號 12

1.	道在養生：道教長壽術	郝　勤等著	250 元
2.	龍虎丹道：道教內丹術	郝　勤著	300 元
3.	天上人間：道教神仙譜系	黃德海著	250 元
4.	步罡踏斗：道教祭禮儀典	張澤洪著	250 元
5.	道醫窺秘：道教醫學康復術	王慶餘等著	250 元
6.	勸善成仙：道教生命倫理	李　剛著	250 元
7.	洞天福地：道教宮觀勝境	沙銘壽著	250 元
8.	青詞碧簫：道教文學藝術	楊光文等著	250 元
9.	沈博絕麗：道教格言精粹	朱耕發等著	250 元

・易學智慧・大展編號 122

1.	易學與管理	余敦康主編	250 元
2.	易學與養生	劉長林等著	300 元
3.	易學與美學	劉綱紀等著	300 元
4.	易學與科技	董光壁　著	元
5.	易學與建築	韓增祿　著	元
6.	易學源流	鄭萬耕　著	元
7.	易學的思維	傅雲龍等著	元
8.	周易與易圖	李　申　著	元

・神算大師・大展編號 123

1.	劉伯溫神算兵法	應　涵編著	280 元
2.	姜太公神算兵法	應　涵編著	元
3.	鬼谷子神算兵法	應　涵編著	元
4.	諸葛亮神算兵法	應　涵編著	元

・秘傳占卜系列・大展編號 14

1.	手相術	淺野八郎著	180 元
2.	人相術	淺野八郎著	180 元
3.	西洋占星術	淺野八郎著	180 元
4.	中國神奇占卜	淺野八郎著	150 元

5. 夢判斷　淺野八郎著　150元
6. 前世、來世占卜　淺野八郎著　150元
7. 法國式血型學　淺野八郎著　150元
8. 靈感、符咒學　淺野八郎著　150元
9. 紙牌占卜術　淺野八郎著　150元
10. ESP超能力占卜　淺野八郎著　150元
11. 猶太數的秘術　淺野八郎著　150元
12. 新心理測驗　淺野八郎著　160元
13. 塔羅牌預言秘法　淺野八郎著　200元

・趣味心理講座・大展編號 15

1. 性格測驗① 探索男與女　淺野八郎著　140元
2. 性格測驗② 透視人心奧秘　淺野八郎著　140元
3. 性格測驗③ 發現陌生的自己　淺野八郎著　140元
4. 性格測驗④ 發現你的真面目　淺野八郎著　140元
5. 性格測驗⑤ 讓你們吃驚　淺野八郎著　140元
6. 性格測驗⑥ 洞穿心理盲點　淺野八郎著　140元
7. 性格測驗⑦ 探索對方心理　淺野八郎著　140元
8. 性格測驗⑧ 由吃認識自己　淺野八郎著　160元
9. 性格測驗⑨ 戀愛知多少　淺野八郎著　160元
10. 性格測驗⑩ 由裝扮瞭解人心　淺野八郎著　160元
11. 性格測驗⑪ 敲開內心玄機　淺野八郎著　140元
12. 性格測驗⑫ 透視你的未來　淺野八郎著　160元
13. 血型與你的一生　淺野八郎著　160元
14. 趣味推理遊戲　淺野八郎著　160元
15. 行為語言解析　淺野八郎著　160元

・婦 幼 天 地・大展編號 16

1. 八萬人減肥成果　黃靜香譯　180元
2. 三分鐘減肥體操　楊鴻儒譯　150元
3. 窈窕淑女美髮秘訣　柯素娥譯　130元
4. 使妳更迷人　成　玉譯　130元
5. 女性的更年期　官舒妍編譯　160元
6. 胎內育兒法　李玉瓊編譯　150元
7. 早產兒袋鼠式護理　唐岱蘭譯　200元
8. 初次懷孕與生產　婦幼天地編譯組　180元
9. 初次育兒12個月　婦幼天地編譯組　180元
10. 斷乳食與幼兒食　婦幼天地編譯組　180元
11. 培養幼兒能力與性向　婦幼天地編譯組　180元
12. 培養幼兒創造力的玩具與遊戲　婦幼天地編譯組　180元
13. 幼兒的症狀與疾病　婦幼天地編譯組　180元

14.	腿部苗條健美法	婦幼天地編譯組	180 元
15.	女性腰痛別忽視	婦幼天地編譯組	150 元
16.	舒展身心體操術	李玉瓊編譯	130 元
17.	三分鐘臉部體操	趙薇妮著	160 元
18.	生動的笑容表情術	趙薇妮著	160 元
19.	心曠神怡減肥法	川津祐介著	130 元
20.	內衣使妳更美麗	陳玄茹譯	130 元
21.	瑜伽美姿美容	黃靜香編著	180 元
22.	高雅女性裝扮學	陳珮玲譯	180 元
23.	蠶糞肌膚美顏法	坂梨秀子著	160 元
24.	認識妳的身體	李玉瓊譯	160 元
25.	產後恢復苗條體態	居理安・芙萊喬著	200 元
26.	正確護髮美容法	山崎伊久江著	180 元
27.	安琪拉美姿養生學	安琪拉蘭斯博瑞著	180 元
28.	女體性醫學剖析	增田豐著	220 元
29.	懷孕與生產剖析	岡部綾子著	180 元
30.	斷奶後的健康育兒	東城百合子著	220 元
31.	引出孩子幹勁的責罵藝術	多湖輝著	170 元
32.	培養孩子獨立的藝術	多湖輝著	170 元
33.	子宮肌瘤與卵巢囊腫	陳秀琳編著	180 元
34.	下半身減肥法	納他夏・史達賓著	180 元
35.	女性自然美容法	吳雅菁編著	180 元
36.	再也不發胖	池園悅太郎著	170 元
37.	生男生女控制術	中垣勝裕著	220 元
38.	使妳的肌膚更亮麗	楊 皓編著	170 元
39.	臉部輪廓變美	芝崎義夫著	180 元
40.	斑點、皺紋自己治療	高須克彌著	180 元
41.	面皰自己治療	伊藤雄康著	180 元
42.	隨心所欲瘦身冥想法	原久子著	180 元
43.	胎兒革命	鈴木丈織著	180 元
44.	NS 磁氣平衡法塑造窈窕奇蹟	古屋和江著	180 元
45.	享瘦從腳開始	山田陽子著	180 元
46.	小改變瘦 4 公斤	宮本裕子著	180 元
47.	軟管減肥瘦身	高橋輝男著	180 元
48.	海藻精神秘美容法	劉名揚編著	180 元
49.	肌膚保養與脫毛	鈴木真理著	180 元
50.	10 天減肥 3 公斤	彤雲編輯組	180 元
51.	穿出自己的品味	西村玲子著	280 元
52.	小孩髮型設計	李芳黛譯	250 元

・青 春 天 地・大展編號 17

1.	A 血型與星座	柯素娥編譯	160 元
2.	B 血型與星座	柯素娥編譯	160 元

3. O血型與星座 柯素娥編譯 160元
4. AB血型與星座 柯素娥編譯 120元
5. 青春期性教室 呂貴嵐編譯 130元
7. 難解數學破題 宋釗宜編譯 130元
9. 小論文寫作秘訣 林顯茂編譯 120元
11. 中學生野外遊戲 熊谷康編著 120元
12. 恐怖極短篇 柯素娥編譯 130元
13. 恐怖夜話 小毛驢編譯 130元
14. 恐怖幽默短篇 小毛驢編譯 120元
15. 黑色幽默短篇 小毛驢編譯 120元
16. 靈異怪談 小毛驢編譯 130元
17. 錯覺遊戲 小毛驢編著 130元
18. 整人遊戲 小毛驢編著 150元
19. 有趣的超常識 柯素娥編譯 130元
20. 哦！原來如此 林慶旺編譯 130元
21. 趣味競賽100種 劉名揚編譯 120元
22. 數學謎題入門 宋釗宜編譯 150元
23. 數學謎題解析 宋釗宜編譯 150元
24. 透視男女心理 林慶旺編譯 120元
25. 少女情懷的自白 李桂蘭編譯 120元
26. 由兄弟姊妹看命運 李玉瓊編譯 130元
27. 趣味的科學魔術 林慶旺編譯 150元
28. 趣味的心理實驗室 李燕玲編譯 150元
29. 愛與性心理測驗 小毛驢編譯 130元
30. 刑案推理解謎 小毛驢編譯 180元
31. 偵探常識推理 小毛驢編譯 180元
32. 偵探常識解謎 小毛驢編譯 130元
33. 偵探推理遊戲 小毛驢編譯 180元
34. 趣味的超魔術 廖玉山編著 150元
35. 趣味的珍奇發明 柯素娥編著 150元
36. 登山用具與技巧 陳瑞菊編著 150元
37. 性的漫談 蘇燕謀編著 180元
38. 無的漫談 蘇燕謀編著 180元
39. 黑色漫談 蘇燕謀編著 180元
40. 白色漫談 蘇燕謀編著 180元

・健康天地・大展編號18

1. 壓力的預防與治療 柯素娥編譯 130元
2. 超科學氣的魔力 柯素娥編譯 130元
3. 尿療法治病的神奇 中尾良一著 130元
4. 鐵證如山的尿療法奇蹟 廖玉山譯 120元
5. 一日斷食健康法 葉慈容編譯 150元
6. 胃部強健法 陳炳崑譯 120元

7.	癌症早期檢查法	廖松濤譯	160 元
8.	老人痴呆症防止法	柯素娥編譯	170 元
9.	松葉汁健康飲料	陳麗芬編譯	150 元
10.	揉肚臍健康法	永井秋夫著	150 元
11.	過勞死、猝死的預防	卓秀貞編譯	130 元
12.	高血壓治療與飲食	藤山順豐著	180 元
13.	老人看護指南	柯素娥編譯	150 元
14.	美容外科淺談	楊啟宏著	150 元
15.	美容外科新境界	楊啟宏著	150 元
16.	鹽是天然的醫生	西英司郎著	140 元
17.	年輕十歲不是夢	梁瑞麟譯	200 元
18.	茶料理治百病	桑野和民著	180 元
19.	綠茶治病寶典	桑野和民著	150 元
20.	杜仲茶養顏減肥法	西田博著	170 元
21.	蜂膠驚人療效	瀨長良三郎著	180 元
22.	蜂膠治百病	瀨長良三郎著	180 元
23.	醫藥與生活㈠	鄭炳全著	180 元
24.	鈣長生寶典	落合敏著	180 元
25.	大蒜長生寶典	木下繁太郎著	160 元
26.	居家自我健康檢查	石川恭三著	160 元
27.	永恆的健康人生	李秀鈴譯	200 元
28.	大豆卵磷脂長生寶典	劉雪卿譯	150 元
29.	芳香療法	梁艾琳譯	160 元
30.	醋長生寶典	柯素娥譯	180 元
31.	從星座透視健康	席拉・吉蒂斯著	180 元
32.	愉悅自在保健學	野本二士夫著	160 元
33.	裸睡健康法	丸山淳士等著	160 元
34.	糖尿病預防與治療	藤山順豐著	180 元
35.	維他命長生寶典	菅原明子著	180 元
36.	維他命 C 新效果	鐘文訓編	150 元
37.	手、腳病理按摩	堤芳朗著	160 元
38.	AIDS 瞭解與預防	彼得塔歇爾著	180 元
39.	甲殼質殼聚糖健康法	沈永嘉譯	160 元
40.	神經痛預防與治療	木下真男著	160 元
41.	室內身體鍛鍊法	陳炳崑編著	160 元
42.	吃出健康藥膳	劉大器編著	180 元
43.	自我指壓術	蘇燕謀編著	160 元
44.	紅蘿蔔汁斷食療法	李玉瓊編著	150 元
45.	洗心術健康秘法	竺翠萍編譯	170 元
46.	枇杷葉健康療法	柯素娥編譯	180 元
47.	抗衰血癒	楊啟宏著	180 元
48.	與癌搏鬥記	逸見政孝著	180 元
49.	冬蟲夏草長生寶典	高橋義博著	170 元
50.	痔瘡・大腸疾病先端療法	宮島伸宜著	180 元

51. 膠布治癒頑固慢性病　加瀨建造著　180 元
52. 芝麻神奇健康法　小林貞作著　170 元
53. 香煙能防止癡呆？　高田明和著　180 元
54. 穀菜食治癌療法　佐藤成志著　180 元
55. 貼藥健康法　松原英多著　180 元
56. 克服癌症調和道呼吸法　帶津良一著　180 元
57. B 型肝炎預防與治療　野村喜重郎著　180 元
58. 青春永駐養生導引術　早島正雄著　180 元
59. 改變呼吸法創造健康　原久子著　180 元
60. 荷爾蒙平衡養生秘訣　出村博著　180 元
61. 水美肌健康法　井戶勝富著　170 元
62. 認識食物掌握健康　廖梅珠編著　170 元
63. 痛風劇痛消除法　鈴木吉彥著　180 元
64. 酸莖菌驚人療效　上田明彥著　180 元
65. 大豆卵磷脂治現代病　神津健一著　200 元
66. 時辰療法—危險時刻凌晨 4 時　呂建強等著　180 元
67. 自然治癒力提升法　帶津良一著　180 元
68. 巧妙的氣保健法　藤平墨子著　180 元
69. 治癒 C 型肝炎　熊田博光著　180 元
70. 肝臟病預防與治療　劉名揚編著　180 元
71. 腰痛平衡療法　荒井政信著　180 元
72. 根治多汗症、狐臭　稻葉益巳著　220 元
73. 40 歲以後的骨質疏鬆症　沈永嘉譯　180 元
74. 認識中藥　松下一成著　180 元
75. 認識氣的科學　佐佐木茂美著　180 元
76. 我戰勝了癌症　安田伸著　180 元
77. 斑點是身心的危險信號　中野進著　180 元
78. 艾波拉病毒大震撼　玉川重德著　180 元
79. 重新還我黑髮　桑名隆一郎著　180 元
80. 身體節律與健康　林博史著　180 元
81. 生薑治萬病　石原結實著　180 元
82. 靈芝治百病　陳瑞東著　180 元
83. 木炭驚人的威力　大槻彰著　200 元
84. 認識活性氧　井土貴司著　180 元
85. 深海鮫治百病　廖玉山編著　180 元
86. 神奇的蜂王乳　井上丹治著　180 元
87. 卡拉 OK 健腦法　東潔著　180 元
88. 卡拉 OK 健康法　福田伴男著　180 元
89. 醫藥與生活(二)　鄭炳全著　200 元
90. 洋蔥治百病　宮尾興平著　180 元
91. 年輕 10 歲快步健康法　石塚忠雄著　180 元
92. 石榴的驚人神效　岡本順子著　180 元
93. 飲料健康法　白鳥早奈英著　180 元
94. 健康棒體操　劉名揚編譯　180 元

95. 催眠健康法	蕭京凌編著	180 元
96. 鬱金（美王）治百病	水野修一著	180 元
97. 醫藥與生活(三)	鄭炳全著	200 元

・實用女性學講座・大展編號 19

1. 解讀女性內心世界	島田一男著	150 元
2. 塑造成熟的女性	島田一男著	150 元
3. 女性整體裝扮學	黃靜香編著	180 元
4. 女性應對禮儀	黃靜香編著	180 元
5. 女性婚前必修	小野十傳著	200 元
6. 徹底瞭解女人	田口二州著	180 元
7. 拆穿女性謊言 88 招	島田一男著	200 元
8. 解讀女人心	島田一男著	200 元
9. 俘獲女性絕招	志賀貢著	200 元
10. 愛情的壓力解套	中村理英子著	200 元
11. 妳是人見人愛的女孩	廖松濤編著	200 元

・校園系列・大展編號 20

1. 讀書集中術	多湖輝著	180 元
2. 應考的訣竅	多湖輝著	150 元
3. 輕鬆讀書贏得聯考	多湖輝著	180 元
4. 讀書記憶秘訣	多湖輝著	180 元
5. 視力恢復！超速讀術	江錦雲譯	180 元
6. 讀書 36 計	黃柏松編著	180 元
7. 驚人的速讀術	鐘文訓編著	170 元
8. 學生課業輔導良方	多湖輝著	180 元
9. 超速讀超記憶法	廖松濤編著	180 元
10. 速算解題技巧	宋釗宜編著	200 元
11. 看圖學英文	陳炳崑編著	200 元
12. 讓孩子最喜歡數學	沈永嘉譯	180 元
13. 催眠記憶術	林碧清譯	180 元
14. 催眠速讀術	林碧清譯	180 元
15. 數學式思考學習法	劉淑錦譯	200 元
16. 考試憑要領	劉孝暉著	180 元
17. 事半功倍讀書法	王毅希著	200 元
18. 超金榜題名術	陳蒼杰譯	200 元
19. 靈活記憶術	林耀慶編著	180 元
20. 數學增強要領	江修楨編著	180 元

・實用心理學講座・大展編號 21

1. 拆穿欺騙伎倆	多湖輝著	140 元
2. 創造好構想	多湖輝著	140 元
3. 面對面心理術	多湖輝著	160 元
4. 偽裝心理術	多湖輝著	140 元
5. 透視人性弱點	多湖輝著	180 元
6. 自我表現術	多湖輝著	180 元
7. 不可思議的人性心理	多湖輝著	180 元
8. 催眠術入門	多湖輝著	150 元
9. 責罵部屬的藝術	多湖輝著	150 元
10. 精神力	多湖輝著	150 元
11. 厚黑說服術	多湖輝著	150 元
12. 集中力	多湖輝著	150 元
13. 構想力	多湖輝著	150 元
14. 深層心理術	多湖輝著	160 元
15. 深層語言術	多湖輝著	160 元
16. 深層說服術	多湖輝著	180 元
17. 掌握潛在心理	多湖輝著	160 元
18. 洞悉心理陷阱	多湖輝著	180 元
19. 解讀金錢心理	多湖輝著	180 元
20. 拆穿語言圈套	多湖輝著	180 元
21. 語言的內心玄機	多湖輝著	180 元
22. 積極力	多湖輝著	180 元

・超現實心理講座・大展編號 22

1. 超意識覺醒法	詹蔚芬編譯	130 元
2. 護摩秘法與人生	劉名揚編譯	130 元
3. 秘法！超級仙術入門	陸明譯	150 元
4. 給地球人的訊息	柯素娥編著	150 元
5. 密教的神通力	劉名揚編著	130 元
6. 神秘奇妙的世界	平川陽一著	200 元
7. 地球文明的超革命	吳秋嬌譯	200 元
8. 力量石的秘密	吳秋嬌譯	180 元
9. 超能力的靈異世界	馬小莉譯	200 元
10. 逃離地球毀滅的命運	吳秋嬌譯	200 元
11. 宇宙與地球終結之謎	南山宏著	200 元
12. 驚世奇功揭秘	傅起鳳著	200 元
13. 啟發身心潛力心象訓練法	栗田昌裕著	180 元
14. 仙道術遁甲法	高藤聰一郎著	220 元
15. 神通力的秘密	中岡俊哉著	180 元
16. 仙人成仙術	高藤聰一郎著	200 元

17. 仙道符咒氣功法	高藤聰一郎著	220 元
18. 仙道風水術尋龍法	高藤聰一郎著	200 元
19. 仙道奇蹟超幻像	高藤聰一郎著	200 元
20. 仙道鍊金術房中法	高藤聰一郎著	200 元
21. 奇蹟超醫療治癒難病	深野一幸著	220 元
22. 揭開月球的神秘力量	超科學研究會	180 元
23. 西藏密教奧義	高藤聰一郎著	250 元
24. 改變你的夢術入門	高藤聰一郎著	250 元
25. 21 世紀拯救地球超技術	深野一幸著	250 元

・養 生 保 健・大展編號 23

1. 醫療養生氣功	黃孝寬著	250 元
2. 中國氣功圖譜	余功保著	250 元
3. 少林醫療氣功精粹	井玉蘭著	250 元
4. 龍形實用氣功	吳大才等著	220 元
5. 魚戲增視強身氣功	宮　嬰著	220 元
6. 嚴新氣功	前新培金著	250 元
7. 道家玄牝氣功	張　章著	200 元
8. 仙家秘傳袪病功	李遠國著	160 元
9. 少林十大健身功	秦慶豐著	180 元
10. 中國自控氣功	張明武著	250 元
11. 醫療防癌氣功	黃孝寬著	250 元
12. 醫療強身氣功	黃孝寬著	250 元
13. 醫療點穴氣功	黃孝寬著	250 元
14. 中國八卦如意功	趙維漢著	180 元
15. 正宗馬禮堂養氣功	馬禮堂著	420 元
16. 秘傳道家筋經內丹功	王慶餘著	300 元
17. 三元開慧功	辛桂林著	250 元
18. 防癌治癌新氣功	郭　林著	180 元
19. 禪定與佛家氣功修煉	劉天君著	200 元
20. 顛倒之術	梅自強著	360 元
21. 簡明氣功辭典	吳家駿編	360 元
22. 八卦三合功	張全亮著	230 元
23. 朱砂掌健身養生功	楊永著	250 元
24. 抗老功	陳九鶴著	230 元
25. 意氣按穴排濁自療法	黃啟運編著	250 元
26. 陳式太極拳養生功	陳正雷著	200 元
27. 健身袪病小功法	王培生著	200 元
28. 張式太極混元功	張春銘著	250 元
29. 中國璇密功	羅琴編著	250 元
30. 中國少林禪密功	齊飛龍著	200 元
31. 郭林新氣功	郭林新氣功研究所	400 元

・社會人智囊・大展編號 24

1.	糾紛談判術	清水增三著	160 元
2.	創造關鍵術	淺野八郎著	150 元
3.	觀人術	淺野八郎著	200 元
4.	應急詭辯術	廖英迪編著	160 元
5.	天才家學習術	木原武一著	160 元
6.	貓型狗式鑑人術	淺野八郎著	180 元
7.	逆轉運掌握術	淺野八郎著	180 元
8.	人際圓融術	澀谷昌三著	160 元
9.	解讀人心術	淺野八郎著	180 元
10.	與上司水乳交融術	秋元隆司著	180 元
11.	男女心態定律	小田晉著	180 元
12.	幽默說話術	林振輝編著	200 元
13.	人能信賴幾分	淺野八郎著	180 元
14.	我一定能成功	李玉瓊譯	180 元
15.	獻給青年的嘉言	陳蒼杰譯	180 元
16.	知人、知面、知其心	林振輝編著	180 元
17.	塑造堅強的個性	坂上肇著	180 元
18.	為自己而活	佐藤綾子著	180 元
19.	未來十年與愉快生活有約	船井幸雄著	180 元
20.	超級銷售話術	杜秀卿譯	180 元
21.	感性培育術	黃靜香編著	180 元
22.	公司新鮮人的禮儀規範	蔡媛惠譯	180 元
23.	傑出職員鍛鍊術	佐佐木正著	180 元
24.	面談獲勝戰略	李芳黛譯	180 元
25.	金玉良言撼人心	森純大著	180 元
26.	男女幽默趣典	劉華亭編著	180 元
27.	機智說話術	劉華亭編著	180 元
28.	心理諮商室	柯素娥譯	180 元
29.	如何在公司崢嶸頭角	佐佐木正著	180 元
30.	機智應對術	李玉瓊編著	200 元
31.	克服低潮良方	坂野雄二著	180 元
32.	智慧型說話技巧	沈永嘉編著	180 元
33.	記憶力、集中力增進術	廖松濤編著	180 元
34.	女職員培育術	林慶旺編著	180 元
35.	自我介紹與社交禮儀	柯素娥編著	180 元
36.	積極生活創幸福	田中真澄著	180 元
37.	妙點子超構想	多湖輝著	180 元
38.	說 NO 的技巧	廖玉山編著	180 元
39.	一流說服力	李玉瓊編著	180 元
40.	般若心經成功哲學	陳鴻蘭編著	180 元
41.	訪問推銷術	黃靜香編著	180 元

42. 男性成功秘訣	陳蒼杰編著	180 元
43. 笑容、人際智商	宮川澄子著	180 元
44. 多湖輝的構想工作室	多湖輝著	200 元
45. 名人名語啟示錄	喬家楓著	180 元
46. 口才必勝術	黃柏松編著	220 元
47. 能言善道的說話秘訣	章智冠編著	180 元
48. 改變人心成為贏家	多湖輝著	200 元
49. 說服的ＩＱ	沈永嘉譯	200 元
50. 提升腦力超速讀術	齊藤英治著	200 元
51. 操控對手百戰百勝	多湖輝著	200 元
52. 面試成功戰略	柯素娥編著	200 元
53. 摸透男人心	劉華亭編著	180 元
54. 撼動人心優勢口才	龔伯牧編著	180 元
55. 如何使對方說 yes	程　羲編著	200 元
56. 小道理・美好生活	林政峰編著	180 元
57. 拿破崙智慧箴言	柯素娥編著	200 元
58. 解開第六感之謎	匠英一編著	200 元
59. 讀心術入門	王嘉成編著	180 元
60. 這趟人生怎麼走	李亦盛編著	200 元
61. 人生之路樂逍遙	李亦盛編著	200 元

・精 選 系 列・大展編號 25

1. 毛澤東與鄧小平	渡邊利夫等著	280 元
2. 中國大崩裂	江戶介雄著	180 元
3. 台灣・亞洲奇蹟	上村幸治著	220 元
4. 7-ELEVEN 高盈收策略	國友隆一著	180 元
5. 台灣獨立（新・中國日本戰爭一）	森詠著	200 元
6. 迷失中國的末路	江戶雄介著	220 元
7. 2000 年 5 月全世界毀滅	紫藤甲子男著	180 元
8. 失去鄧小平的中國	小島朋之著	220 元
9. 世界史爭議性異人傳	桐生操著	200 元
10. 淨化心靈享人生	松濤弘道著	220 元
11. 人生心情診斷	賴藤和寬著	220 元
12. 中美大決戰	檜山良昭著	220 元
13. 黃昏帝國美國	莊雯琳譯	220 元
14. 兩岸衝突（新・中國日本戰爭二）	森詠著	220 元
15. 封鎖台灣（新・中國日本戰爭三）	森詠著	220 元
16. 中國分裂（新・中國日本戰爭四）	森詠著	220 元
17. 由女變男的我	虎井正衛著	200 元
18. 佛學的安心立命	松濤弘道著	220 元
19. 世界喪禮大觀	松濤弘道著	280 元
20. 中國內戰（新・中國日本戰爭五）	森詠著	220 元

21.	台灣內亂（新・中國日本戰爭六）	森詠著	220元
22.	琉球戰爭 ①（新・中國日本戰爭七）	森詠著	220元
23.	琉球戰爭 ②（新・中國日本戰爭八）	森詠著	220元
24.	台海戰爭（新・中國日本戰爭九）	森詠著	220元
25.	美中開戰（新・中國日本戰爭十）	森詠著	元

・運動遊戲・大展編號 26

1.	雙人運動	李玉瓊譯	160元
2.	愉快的跳繩運動	廖玉山譯	180元
3.	運動會項目精選	王佑京譯	150元
4.	肋木運動	廖玉山譯	150元
5.	測力運動	王佑宗譯	150元
6.	游泳入門	唐桂萍編著	200元
7.	帆板衝浪	王勝利譯	300元
8.	蛙泳七日通	溫仲華編著	180元

・休閒娛樂・大展編號 27

1.	海水魚飼養法	田中智浩著	300元
2.	金魚飼養法	曾雪玫譯	250元
3.	熱門海水魚	毛利匡明著	480元
4.	愛犬的教養與訓練	池田好雄著	250元
5.	狗教養與疾病	杉浦哲著	220元
6.	小動物養育技巧	三上昇著	300元
7.	水草選擇、培育、消遣	安齊裕司著	300元
8.	四季釣魚法	釣朋會著	200元
9.	簡易釣魚入門	張果馨譯	200元
10.	防波堤釣入門	張果馨譯	220元
11.	透析愛犬習性	沈永嘉譯	200元
20.	園藝植物管理	船越亮二著	220元
21.	實用家庭菜園ＤＩＹ	孔翔儀著	200元
30.	汽車急救ＤＩＹ	陳瑞雄編著	200元
31.	巴士旅行遊戲	陳羲編著	180元
32.	測驗你的ＩＱ	蕭京凌編著	180元
33.	益智數字遊戲	廖玉山編著	180元
40.	撲克牌遊戲與贏牌秘訣	林振輝編著	180元
41.	撲克牌魔術、算命、遊戲	林振輝編著	180元
42.	撲克占卜入門	王家成編著	180元
50.	兩性幽默	幽默選集編輯組	180元
51.	異色幽默	幽默選集編輯組	180元
52.	幽默魔法鏡	玄虛叟編著	180元

・銀髮族智慧學・大展編號 28

1.	銀髮六十樂逍遙	多湖輝著	170 元
2.	人生六十反年輕	多湖輝著	170 元
3.	六十歲的決斷	多湖輝著	170 元
4.	銀髮族健身指南	孫瑞台編著	250 元
5.	退休後的夫妻健康生活	施聖茹譯	200 元

・飲 食 保 健・大展編號 29

1.	自己製作健康茶	大海淳著	220 元
2.	好吃、具藥效茶料理	德永睦子著	220 元
3.	改善慢性病健康藥草茶	吳秋嬌譯	200 元
4.	藥酒與健康果菜汁	成玉編著	250 元
5.	家庭保健養生湯	馬汴梁編著	220 元
6.	降低膽固醇的飲食	早川和志著	200 元
7.	女性癌症的飲食	女子營養大學	280 元
8.	痛風者的飲食	女子營養大學	280 元
9.	貧血者的飲食	女子營養大學	280 元
10.	高脂血症者的飲食	女子營養大學	280 元
11.	男性癌症的飲食	女子營養大學	280 元
12.	過敏者的飲食	女子營養大學	280 元
13.	心臟病的飲食	女子營養大學	280 元
14.	滋陰壯陽的飲食	王增著	220 元
15.	胃、十二指腸潰瘍的飲食	勝健一等著	280 元
16.	肥胖者的飲食	雨宮禎子等著	280 元
17.	癌症有效的飲食	河內卓等著	300 元
18.	糖尿病有效的飲食	山田信博等著	300 元
19.	骨質疏鬆症有效的飲食	板橋明等著	300 元
20.	高血壓有效的飲食	大內尉義著	300 元

・家庭醫學保健・大展編號 30

1.	女性醫學大全	雨森良彥著	380 元
2.	初為人父育兒寶典	小瀧周曹著	220 元
3.	性活力強健法	相建華著	220 元
4.	30 歲以上的懷孕與生產	李芳黛編著	220 元
5.	舒適的女性更年期	野末悅子著	200 元
6.	夫妻前戲的技巧	笠井寬司著	200 元
7.	病理足穴按摩	金慧明著	220 元
8.	爸爸的更年期	河野孝旺著	200 元
9.	橡皮帶健康法	山田晶著	180 元
10.	三十三天健美減肥	相建華等著	180 元

11. 男性健美入門　孫玉祿編著　180 元
12. 強化肝臟秘訣　主婦之友社編　200 元
13. 了解藥物副作用　張果馨譯　200 元
14. 女性醫學小百科　松山榮吉著　200 元
15. 左轉健康法　龜田修等著　200 元
16. 實用天然藥物　鄭炳全編著　260 元
17. 神秘無痛平衡療法　林宗駛著　180 元
18. 膝蓋健康法　張果馨譯　180 元
19. 針灸治百病　葛書翰著　250 元
20. 異位性皮膚炎治癒法　吳秋嬌譯　220 元
21. 禿髮白髮預防與治療　陳炳崑編著　180 元
22. 埃及皇宮菜健康法　飯森薰著　200 元
23. 肝臟病安心治療　上野幸久著　220 元
24. 耳穴治百病　陳抗美等著　250 元
25. 高效果指壓法　五十嵐康彥著　200 元
26. 瘦水、胖水　鈴木園子著　200 元
27. 手針新療法　朱振華著　200 元
28. 香港腳預防與治療　劉小惠譯　250 元
29. 智慧飲食吃出健康　柯富陽編著　200 元
30. 牙齒保健法　廖玉山編著　200 元
31. 恢復元氣養生食　張果馨譯　200 元
32. 特效推拿按摩術　李玉田著　200 元
33. 一週一次健康法　若狹真著　200 元
34. 家常科學膳食　大塚滋著　220 元
35. 夫妻們閱讀的男性不孕　原利夫著　220 元
36. 自我瘦身美容　馬野詠子著　200 元
37. 魔法姿勢益健康　五十嵐康彥著　200 元
38. 眼病錘療法　馬栩周著　200 元
39. 預防骨質疏鬆症　藤田拓男著　200 元
40. 骨質增生效驗方　李吉茂編著　250 元
41. 蕺菜健康法　小林正夫著　200 元
42. 赧於啟齒的男性煩惱　增田豐著　220 元
43. 簡易自我健康檢查　稻葉允著　250 元
44. 實用花草健康法　友田純子著　200 元
45. 神奇的手掌療法　日比野喬著　230 元
46. 家庭式三大穴道療法　刑部忠和著　200 元
47. 子宮癌、卵巢癌　岡島弘幸著　220 元
48. 糖尿病機能性食品　劉雪卿編著　220 元
49. 奇蹟活現經脈美容法　林振輝編譯　200 元
50. Super SEX　秋好憲一著　220 元
51. 了解避孕丸　林玉佩譯　200 元
52. 有趣的遺傳學　蕭京凌編著　200 元
53. 強身健腦手指運動　羅群等著　250 元
54. 小周天健康法　莊雯琳譯　200 元

55. 中西醫結合醫療　陳蒼杰譯　200 元
56. 沐浴健康法　楊鴻儒譯　200 元
57. 節食瘦身秘訣　張芷欣編著　200 元
58. 酵素健康法　楊皓譯　200 元
59. 一天 10 分鐘健康太極拳　劉小惠譯　250 元
60. 中老年人疲勞消除法　五味雅吉著　220 元
61. 與齲齒訣別　楊鴻儒譯　220 元
62. 禪宗自然養生法　費德漢編著　200 元
63. 女性切身醫學　編輯群編　200 元
64. 乳癌發現與治療　黃靜香編著　200 元
65. 做媽媽之前的孕婦日記　林慈姮編著　180 元
66. 從誕生到一歲的嬰兒日記　林慈姮編著　180 元
67. 6 個月輕鬆增高　江秀珍譯　200 元
68. 一輩子年輕開心　編輯群編　200 元
69. 怎可盲目減肥　編輯群編　200 元
70. 『腳』萬病之源　阿部幼子著　元

・超經營新智慧・大展編號 31

1. 躍動的國家越南　林雅倩譯　250 元
2. 甦醒的小龍菲律賓　林雅倩譯　220 元
3. 中國的危機與商機　中江要介著　250 元
4. 在印度的成功智慧　山內利男著　220 元
5. 7-ELEVEN 大革命　村上豐道著　200 元
6. 業務員成功秘方　呂育清編著　200 元
7. 在亞洲成功的智慧　鈴木讓二著　220 元
8. 圖解活用經營管理　山際有文著　220 元
9. 速效行銷學　江尻弘著　220 元
10. 猶太成功商法　周蓮芬編著　200 元
11. 工廠管理新手法　黃柏松編著　220 元
12. 成功隨時掌握在凡人手上　竹村健一著　220 元
13. 服務・所以成功　中谷彰宏著　200 元
14. 輕鬆賺錢高手　增田俊男著　220 元

・理財、投資・大展編號 312

1. 突破股市瓶頸　黃國洲著（特價）199 元
2. 你不能不知的股市生態　黃國洲著　元

・親子系列・大展編號 32

1. 如何使孩子出人頭地　多湖輝著　200 元
2. 心靈啟蒙教育　多湖輝著　280 元

3. 如何使孩子數學滿分	林明嬋編著	180 元
4. 終身受用的學習秘訣	李芳黛譯	200 元
5. 數學疑問破解	陳蒼杰譯	200 元

・雅致系列・大展編號 33

1. 健康食譜春冬篇	丸元淑生著	200 元
2. 健康食譜夏秋篇	丸元淑生著	200 元
3. 純正家庭料理	陳建民等著	200 元
4. 家庭四川菜	陳建民著	200 元
5. 醫食同源健康美食	郭長聚著	200 元
6. 家族健康食譜	東畑朝子著	200 元

・美術系列・大展編號 34

1. 可愛插畫集	鉛筆等著	220 元
2. 人物插畫集	鉛筆等著	180 元

・勞作系列・大展編號 35

1. 活動玩具ＤＩＹ	李芳黛譯	230 元
2. 組合玩具ＤＩＹ	李芳黛譯	230 元
3. 花草遊戲ＤＩＹ	張果馨譯	250 元

・元氣系列・大展編號 36

1. 神奇大麥嫩葉「綠效末」	山田耕路著	200 元
2. 高麗菜發酵精的功效	大澤俊彥著	200 元

・心 靈 雅 集・大展編號 00

1. 禪言佛語看人生	松濤弘道著	180 元
2. 禪密教的奧秘	葉逯謙譯	120 元
3. 觀音大法力	田口日勝著	120 元
4. 觀音法力的大功德	田口日勝著	120 元
5. 達摩禪 106 智慧	劉華亭編譯	220 元
6. 有趣的佛教研究	葉逯謙編譯	170 元
7. 夢的開運法	蕭京凌譯	180 元
8. 禪學智慧	柯素娥編譯	130 元
9. 女性佛教入門	許俐萍譯	110 元
10. 佛像小百科	心靈雅集編譯組	130 元
11. 佛教小百科趣談	心靈雅集編譯組	120 元

12. 佛教小百科漫談	心靈雅集編譯組	150 元
13. 佛教知識小百科	心靈雅集編譯組	150 元
14. 佛學名言智慧	松濤弘道著	220 元
15. 釋迦名言智慧	松濤弘道著	220 元
16. 活人禪	平田精耕著	120 元
17. 坐禪入門	柯素娥編譯	150 元
18. 現代禪悟	柯素娥編譯	130 元
19. 道元禪師語錄	心靈雅集編譯組	130 元
20. 佛學經典指南	心靈雅集編譯組	130 元
21. 何謂「生」阿含經	心靈雅集編譯組	150 元
22. 一切皆空　般若心經	心靈雅集編譯組	180 元
23. 超越迷惘　法句經	心靈雅集編譯組	130 元
24. 開拓宇宙觀　華嚴經	心靈雅集編譯組	180 元
25. 真實之道　法華經	心靈雅集編譯組	180 元
26. 自由自在　涅槃經	心靈雅集編譯組	180 元
27. 沈默的教示　維摩經	心靈雅集編譯組	150 元
28. 開通心眼　佛語佛戒	心靈雅集編譯組	130 元
29. 揭秘寶庫　密教經典	心靈雅集編譯組	180 元
30. 坐禪與養生	廖松濤譯	110 元
31. 釋尊十戒	柯素娥編譯	120 元
32. 佛法與神通	劉欣如編著	120 元
33. 悟（正法眼藏的世界）	柯素娥編譯	120 元
34. 只管打坐	劉欣如編著	120 元
35. 喬答摩・佛陀傳	劉欣如編著	120 元
36. 唐玄奘留學記	劉欣如編著	120 元
37. 佛教的人生觀	劉欣如編譯	110 元
38. 無門關(上卷)	心靈雅集編譯組	150 元
39. 無門關(下卷)	心靈雅集編譯組	150 元
40. 業的思想	劉欣如編著	130 元
41. 佛法難學嗎	劉欣如著	140 元
42. 佛法實用嗎	劉欣如著	140 元
43. 佛法殊勝嗎	劉欣如著	140 元
44. 因果報應法則	李常傳編	180 元
45. 佛教醫學的奧秘	劉欣如編著	150 元
46. 紅塵絕唱	海　若著	130 元
47. 佛教生活風情	洪丕謨、姜玉珍著	220 元
48. 行住坐臥有佛法	劉欣如著	160 元
49. 起心動念是佛法	劉欣如著	160 元
50. 四字禪語	曹洞宗青年會	200 元
51. 妙法蓮華經	劉欣如編著	160 元
52. 根本佛教與大乘佛教	葉作森編	180 元
53. 大乘佛經	定方晟著	180 元
54. 須彌山與極樂世界	定方晟著	180 元
55. 阿闍世的悟道	定方晟著	180 元

56. 金剛經的生活智慧	劉欣如著	180 元
57. 佛教與儒教	劉欣如編譯	180 元
58. 佛教史入門	劉欣如編譯	180 元
59. 印度佛教思想史	劉欣如編譯	200 元
60. 佛教與女性	劉欣如編譯	180 元
61. 禪與人生	洪丕謨主編	260 元
62. 領悟佛經的智慧	劉欣如著	200 元
63. 假相與實相	心靈雅集編	200 元
64. 耶穌與佛陀	劉欣如著	200 元
65. 迴向與開悟	劉欣如著	200 元
66. 具佛心享永生	編輯群著	200 元

・經 營 管 理・大展編號 01

◎ 創新經營管理六十六大計(精)	蔡弘文編	780 元
1. 如何獲取生意情報	蘇燕謀譯	110 元
5. 推銷大王秘錄	原一平著	180 元
6. 新創意・賺大錢	王家成譯	90 元
11. 撼動人心的推銷法	原一平著	150 元
17. 一流的管理	蔡弘文編	150 元
20. 突破商場人際學	林振輝編著	90 元
24. 小公司經營策略	王嘉誠著	160 元
27. 如何創造商場智囊團	林振輝編譯	150 元
28. 十分鐘推銷術	林振輝編譯	180 元
33. 自我經濟學	廖松濤編譯	100 元
34. 一流的經營	陶田生編著	120 元
35. 女性職員管理術	王昭國編譯	120 元
36. ＩＢＭ的人事管理	鐘文訓編譯	150 元
37. 現代電腦常識	王昭國編譯	150 元
39. 如何發揮廣告效果	王昭國編譯	150 元
40. 最新管理技巧	王昭國編譯	150 元
41. 一流推銷術	廖松濤編譯	150 元
42. 包裝與促銷技巧	王昭國編譯	130 元
45. 企業人事管理	松下幸之助著	100 元
46. 華僑經商致富術	廖松濤編譯	130 元
47. 豐田式銷售技巧	廖松濤編譯	180 元
48. 如何掌握銷售技巧	王昭國編著	130 元
52. 新世紀的服務業	鐘文訓編譯	100 元
53. 成功的領導者	廖松濤編譯	120 元
54. 女推銷員成功術	李玉瓊編譯	130 元
55. ＩＢＭ人才培育術	鐘文訓編譯	100 元
56. 企業人自我突破法	黃琪輝編著	150 元
58. 財富開發術	蔡弘文編著	130 元
59. 成功的店舖設計	鐘文訓編著	150 元

61. 企管回春法	蔡弘文編著	130 元
62. 小企業經營指南	鐘文訓編譯	100 元
64. 迎接商業新時代	廖松濤編譯	100 元
66. 新手股票投資入門	何朝乾編著	200 元
67. 上揚股與下跌股	何朝乾編譯	180 元
68. 股票速成學	何朝乾編譯	200 元
69. 理財與股票投資策略	黃俊豪編著	180 元
70. 黃金投資策略	黃俊豪編著	180 元
71. 厚黑管理學	廖松濤編譯	180 元
73. 透視西武集團	林谷燁編譯	150 元
76. 巡迴行銷術	陳蒼杰譯	150 元
77. 推銷的魔術	王嘉誠譯	120 元
78. 60 秒指導部屬	周蓮芬編譯	150 元
79. 精銳女推銷員特訓	李玉瓊編譯	130 元
81. 海外不動產投資	許達守編譯	150 元
82. 八百伴的世界策略	李玉瓊譯	150 元
84. 零庫存銷售	黃東謙編譯	150 元
85. 三分鐘推銷管理	劉名揚編譯	150 元
86. 推銷大王奮鬥史	原一平著	150 元
87. 豐田汽車的生產管理	林谷燁編譯	200 元

・成功寶庫・大展編號 02

2. 拍馬屁訣竅	廖玉山編譯	110 元
4. 聽話的藝術	歐陽輝編譯	110 元
10. 上班族禮儀	廖玉山編著	120 元
12. 創造自信的新人生	廖松濤編著	120 元
15. 神奇瞬間瞑想法	廖松濤編譯	100 元
16. 人生成功之鑰	楊意苓編著	150 元
19. 給企業人的諍言	鐘文訓編著	120 元
20. 企業家自律訓練法	陳義編譯	100 元
21. 上班族妖怪學	廖松濤編著	100 元
25. 你是上班族中強者	嚴思圖編著	100 元
30. 成功頓悟 100 則	蕭京凌編譯	130 元
32. 知性幽默	李玉瓊編譯	130 元
33. 熟記對方絕招	黃靜香編譯	100 元
37. 察言觀色的技巧	劉華亭編著	180 元
38. 一流領導力	施義彥編譯	120 元
40. 30 秒鐘推銷術	廖松濤編譯	150 元
42. 尖端時代行銷策略	陳蒼杰編著	100 元
43. 顧客管理學	廖松濤編著	100 元
47. 上班族口才學	楊鴻儒譯	120 元
48. 上班族新鮮人須知	程羲編著	120 元
49. 如何左右逢源	程羲編著	130 元

國家圖書館出版品預行編目資料

數學式思考學習法 / 小林道正著，劉淑錦譯；
－初版－臺北市 大展 ， 民 88
面 ； 21 公分 －（校園系列；15）
譯自：「數學的發想」勉強法
ISBN 957-557-936-4（平裝）
1. 思考 2. 學習方法

521.1 88008359

SUGAKU-TEKI HASSO BENKYO-HO by Michimasa Kobayashi

First published in Japan in 1997 by Jitsugyo No Nihon-Sha Ltd.
Chinese translation rights arranged with Jitsugyo No Nihon-Sha Ltd.
through Japan Foreign-Rights Centre/Keio Cultural Enterprise Co., Ltd.

版權仲介：京王文化事業有限公司

數學式思考學習法

ISBN 957-557-936-4

原著者 / 小林道正
編譯者 / 劉淑錦
發行人 / 蔡森明
出版者 / 大展出版社有限公司
社址 / 台北市北投區（石牌）致遠一路 2 段 12 巷 1 號
電話 / （02）28236031・28236033・28233123
傳真 / （02）28272069
郵政劃撥 / 01669551
E-mail / dah-jaan@ms9.tisnet.net.tw
登記證 / 局版臺業字第 2171 號
承印者 / 國順圖書印刷公司
裝訂 / 嶸興裝訂有限公司
排版者 / 千兵企業有限公司
初版 1 刷 / 1999 年（民 88 年） 7 月
初版 2 刷 / 2001 年（民 90 年）12 月

定價 / 200 元

大展好書 好書大展